2020年版

中検準4級試験問題

[第98・99回]
解答と解説

一般財団法人
日本中国語検定協会 編

白帝社

音声ファイルダウンロードについて

■ 『中検準4級試験問題2020［98・99回］』の音声ファイル（MP3）を無料でダウンロードすることができます。
下記サイトにアクセスしてください。
第98回
http://www.hakuteisha.co.jp/audio/chuken/j4-98.zip
第99回
http://www.hakuteisha.co.jp/audio/chuken/j4-99.zip

■ 本文中の ◯ マークの箇所が音声ファイル（MP3）提供箇所です。
ファイルはZIP形式で圧縮された形でダウンロードされます。
会場での受験上の注意を収録したトラック01，02，33の番号は，本書「問題」部分には記していません。

■ スマートフォンで音声ダウンロードと再生を行う場合の参考情報は，p.iii をご覧ください。

■ 本書と音声は著作権法で保護されています。

ご注意

＊ 音声の再生には，MP3ファイルが再生できる機器などが別途必要です。
＊ ご使用機器，音声再生ソフトに関する技術的なご質問は，ハードメーカー，ソフトメーカーにお問い合わせください。

音声ダウンロードファイルをご利用できない場合はCDをお送りします。
葉書あるいはメールに必要事項（①『中検準4級試験問題2020［98・99回］』のCD希望，②お送り先の住所，③氏名）を明記の上，下記宛にお申し込みください。

171-0014 東京都豊島区池袋2-65-1　白帝社CD係
info@hakuteisha.co.jp

まえがき

　私たちの協会はこれまで各回の試験が終わるごとに級別に試験問題の「解答解説」を発行し，また年度ごとに3回の試験問題と解答解説を合訂した「年度版」を公表してきました。これらは検定試験受験者だけでなく，広く中国語学習者や中国語教育に携わる先生方からも，大きな歓迎を受けてきましたが，ただ主として予約による直接購入制であったため，入手しにくいので一般の書店でも購入できるようにしてほしいという声が多く受験者や学習者から寄せられていました。

　その要望に応えるため，各回版と年度版のうち，「年度版」の発行を2013年度実施分より中国語テキストや参考書の発行に長い歴史と実績を有する白帝社に委ねることにしました。「各回版」の方は速報性が求められ，試験終了後直ちに発行しなければならないという制約を有するため，なお当面はこれまでどおり協会が発行し，直接取り扱うこととします。

　本書の内容は，回ごとに出題委員会が作成する解答と解説に準じていますが，各回版刊行後に気づいた不備，回ごとの解説の粗密や記述体裁の不統一を調整するとともに，問題ごとに出題のねらいや正解を導くための手順を詳しく示すなど，より学習しやすいものになるよう配慮しました。

　本書を丹念に読むことによって，自らの中国語学習における不十分なところを発見し，新しい学習方向を定めるのに役立つものと信じています。中国語学習者のみなさんが，受験準備のためだけでなく，自らの学力を確認するための目安として本書を有効に活用し，学習効果の向上を図られることを願っています。

2020年5月
一般財団法人 日本中国検定協会

本書について

　本書は，日本中国語検定協会が 2019 年度に実施した第 98 回（2019 年 6 月），第 99 回（2019 年 11 月），中国語検定試験の問題とそれに対する解答と解説を，実施回ごとに分けて収めたものです。リスニング問題の音声はダウンロードして聴くことができます。

問　題

・試験会場で配付される状態のものに，音声のトラック番号を 03 のように加えています。ただし，会場での受験上の注意を収録したトラック 01，02，33 は記していません。

解答と解説

・問題の最初に，出題のポイントや正解を導くための手順を簡潔に示しています。

・4 択式の解答は白抜き数字❶❷❸❹で，記述式の解答は太字で示しています。解説は問題ごとに　　　内に示しています。

・準 4 級・4 級・3 級の問題文と選択肢の文すべて（一部誤答は除く）にピンインと日本語訳例を付し，リスニング問題にはピンインと漢字表記および日本語訳を付けています。

・ピンイン表記は原則として《現代汉语词典 第 7 版》に従っていますが，“不”“一”の声調は変調したものを示しています。

　“没有”は動詞は méiyǒu，副詞は méiyou のように表記しています。

　軽声と非軽声の 2 通りの発音がある場合は，原則として軽声の方を採用しています。例：“打算 dǎ·suàn”は dǎsuan，“父亲 fù·qīn”は fùqin，“因为 yīn·wèi”は yīnwei。

・品詞名，文法用語のうち，助数詞と前置詞は原語のまま量詞，介詞を，また中国語の“状语”は状況語（連用修飾語），“定语”は限定語（連体修飾語）としています。

・音声のトラック番号は，03 のように示しています。

解答用紙見本

・巻末にマークシート式の解答用紙の見本（70％縮小）があります。記入欄を間違えないように，解答欄の並び方を確認しましょう。

参考情報 スマートフォンで音声ダウンロードと再生を行う手順

各回の URL と QR コード：

98 回は　http://www.hakuteisha.co.jp/audio/chuken/j4-98.zip

99 回は　http://www.hakuteisha.co.jp/audio/chuken/j4-99.zip

・Clipbox を使う場合

① **iPhone** は，App Store から Clipbox Zip（解凍用アプリ）をダウンロードします。聞きたい回の URL を入力すると，音声ダウンロードページが現れます。

② ダウンロードしたいものを選択（タッチ）します。

③ 「Clipbox Zip にコピー」を選択します。

④ 出てきた Zip を選択します。

⑤ 「解凍します」を選択します。

⑥ 聞きたいトラック番号を選択して，音声を再生します。

① **Android** は，Play ストアから Clipbox+ をダウンロードします。

② 「クリップ」を選択（タッチ）し「URL」入力画面にダウンロードする回の URL を入力します。

③ 「OK」を選択して、TOP に戻り保存場所を選択します。

④ フォルダを選択すると「解凍しますか」が表示され，「OK」を選択すると，解凍された mp3 ファイルが現れます。

⑤ 聞きたいトラック番号を選択して音声を再生します。

・Easy Zip を使う場合

① App Store から Easy Zip（解凍用アプリ）をダウンロードします。

② ダウンロードする回の URL を入力すると，音声ダウンロードページが現れます。

③ ダウンロードしたいものを選択（タッチ）します。

④ 「"Easy Zip" で開く」を選択します。

⑤ 出てきた Zip を選択します。

⑥ 「解凍します」を選択すると，黄色いフォルダが作成されます。

⑦ 聞きたいトラック番号を選択して，音声を再生します。

目　次

第98回
(2019年6月)

問　題

　　解答時間：計 60 分

　　配点：リスニング 50 点，筆記 50 点

解答と解説

03 **1** 1. これから読む(1)〜(5)の中国語と一致するものを，それぞれ①〜④の中から 1 つ
選び，その番号を解答欄にマークしなさい。 (10 点)

04 (1)   ① lián   ② nián   ③ liáng   ④ lín

05 (2)   ① chǐ   ② zǐ   ③ cǐ   ④ zhǐ

06 (3)   ① bài   ② pèi   ③ pài   ④ bèi

07 (4)   ① qí   ② jí   ③ qū   ④ jú

08 (5)   ① huáng   ② huān   ③ huán   ④ huāng

09 2. (6)〜(10)のピンイン表記と一致するものを，それぞれ①〜④の中から 1 つ選び，
その番号を解答欄にマークしなさい。 (10 点)

10 (6) shǒujī   ①   ②   ③   ④

11 (7) lǔxíng   ①   ②   ③   ④

12 (8) chūntiān   ①   ②   ③   ④

13 (9) Běijīng   ①   ②   ③   ④

14 (10) bàozhǐ   ①   ②   ③   ④

15 3. (11)〜(15)の日本語を中国語で言い表す場合，最も適当なものを，それぞれ①〜④
の中から 1 つ選び，その番号を解答欄にマークしなさい。 (10 点)

16 (11) あした   ①   ②   ③   ④

17 (12) 先生   ①   ②   ③   ④

18 (13) コーヒー   ①   ②   ③   ④

19 (14) うれしい   ①   ②   ③   ④

20 (15) 本を読む   ①   ②   ③   ④

21 **2** 1. (1)～(5)の日本語を中国語で言い表す場合，最も適当なものを，それぞれ①～④
の中から１つ選び，その番号を解答欄にマークしなさい。　　　　　　　　　(10点)

22 (1) 11 時 45 分　　　①　　　　　　②　　　　　　③　　　　　　④

23 (2) 4 月 27 日　　　①　　　　　　②　　　　　　③　　　　　　④

24 (3) 39 歳　　　　　①　　　　　　②　　　　　　③　　　　　　④

25 (4) 日曜日　　　　　①　　　　　　②　　　　　　③　　　　　　④

26 (5) 311 元　　　　　①　　　　　　②　　　　　　③　　　　　　④

27 2. (6)～(10)のような場合，中国語ではどのように言うのが最も適当か，それぞれ①
～④の中から１つ選び，その番号を解答欄にマークしなさい。　　　　　　(10点)

28 (6) 朝のあいさつ

　　　①　　　　　　②　　　　　　③　　　　　　④

29 (7) 待ってもらいたいとき

　　　①　　　　　　②　　　　　　③　　　　　　④

30 (8) 値段をたずねるとき

　　　①　　　　　　②　　　　　　③　　　　　　④

31 (9) どのような状態かをたずねるとき

　　　①　　　　　　②　　　　　　③　　　　　　④

32 (10) 誕生日のお祝いを言うとき

　　　①　　　　　　②　　　　　　③　　　　　　④

3

3 1. (1)～(5)の中国語の正しいピンイン表記を，それぞれ①～④の中から1つ選び，その番号を解答欄にマークしなさい。 (10点)

(1) 说　　　① shòu　　　② shuò　　　③ shuō　　　④ shōu

(2) 快　　　① kuì　　　② guài　　　③ guì　　　④ kuài

(3) 和　　　① hé　　　② hǔ　　　③ hē　　　④ hù

(4) 电影　　① tiànyǐng　② diànyǐng　③ diànyíng　④ tiànyíng

(5) 起床　　① qǐchuāng　② qīchuāng　③ qǐchuáng　④ qīchuáng

2. (6)～(10)の日本語の意味になるように空欄を埋めるとき，最も適当なものを，それぞれ①～④の中から1つ選び，その番号を解答欄にマークしなさい。 (10点)

(6) これは何の辞典ですか。

　　这是（　　）词典？

　　① 怎么　　　② 哪个　　　③ 多少　　　④ 什么

(7) 郵便局は銀行の前にあります。

　　邮局（　　）银行前边儿。

　　① 在　　　② 有　　　③ 是　　　④ 放

(8) 彼はあした行きますが，あなたは？

　　他明天去，你（　　）？

　　① 吗　　　② 呢　　　③ 吧　　　④ 啊

(9) 彼女も学校へ行きます。

　　她（　　）去学校。

　　① 都　　　② 还　　　③ 也　　　④ 又

(10) この料理は高くない。

　　这个菜（　　）贵。

　　① 太　　　② 没　　　③ 很　　　④ 不

3. (11)〜(15)の日本語の意味になるように，それぞれ①〜④を並べ替えたとき，[　]内に入るものはどれか，その番号を解答欄にマークしなさい。　　　　　(10点)

(11) わたしは今あまり忙しくありません。

我[　　　　]　＿＿＿＿　＿＿＿＿　＿＿＿＿。

① 太　　　② 不　　　③ 现在　　　④ 忙

(12) あなたは毎日何時に夕ごはんを食べますか。

你＿＿＿＿　＿＿＿＿　[　　　　]　＿＿＿＿？

① 几点　　　② 晚饭　　　③ 吃　　　④ 每天

(13) これはわたしの雑誌ではありません。

这＿＿＿＿　[　　　　]　＿＿＿＿　＿＿＿＿。

① 我　　　② 杂志　　　③ 的　　　④ 不是

(14) 母はスーパーで買い物をします。

妈妈[　　　　]　＿＿＿＿　＿＿＿＿　＿＿＿＿。

① 东西　　　② 超市　　　③ 买　　　④ 在

(15) 彼は日曜日にわたしの家に遊びに来ます。

他＿＿＿＿　＿＿＿＿　[　　　　]　＿＿＿＿。

① 玩儿　　　② 星期天　　　③ 我家　　　④ 来

4 (1)〜(5)の日本語を中国語に訳したとき，下線部の日本語に当たる中国語を漢字（簡体字）で解答欄に書きなさい。なお，(1)・(2)はいずれも漢字1文字で，(3)〜(5)はいずれも漢字2文字で解答しなさい。（漢字は崩したり略したりせずに書くこと。）(20点)

(1) a 手紙を出す。　　　b 風が吹く。

(2) a 新聞を読む。　　　b 学校が遠い。

(3) 中国語を学ぶ。

(4) このお茶はおいしい。

(5) スキーをする。

5

リスニング

1

解答：1.(1) ❶ (2) ❸ (3) ❷ (4) ❶ (5) ❹　2.(6) ❶ (7) ❸ (8) ❹ (9) ❷ (10) ❸
　　　 3.(11) ❷ (12) ❸ (13) ❹ (14) ❶ (15) ❷

1. 発音（1音節）：中国語の発音が正確に聞き取れているかピンインを使って調べる問題です。ピンインは文字としてではなく音と関連付けて覚えるようにしましょう。＊以下に参考として示す漢字は必ずしも準4級レベルのものではありません。

(2点×5)

04 (1) lián　　　❶ lián　　　　连
　　　　　　　　② nián　　　　年
　　　　　　　　③ liáng　　　凉
　　　　　　　　④ lín　　　　　林

05 (2) cǐ　　　　① chǐ　　　　尺
　　　　　　　　② zǐ　　　　　子
　　　　　　　　❸ cǐ　　　　　此
　　　　　　　　④ zhǐ　　　　纸

06 (3) pèi　　　① bài　　　　败
　　　　　　　　❷ pèi　　　　配
　　　　　　　　③ pài　　　　派
　　　　　　　　④ bèi　　　　倍

07 (4) qí　　　　❶ qí　　　　　旗
　　　　　　　　② jí　　　　　级
　　　　　　　　③ qū　　　　　区
　　　　　　　　④ jú　　　　　局

6

08 (5) huāng

① huáng 黄

② huān 欢

③ huán 环

❹ huāng 慌

2. 発音（2音節）：日常よく使われる語彙について，おろそかに聞くと間違えてしまうような音を集めています。それぞれの音の細かな差は何回も聴いて聞き分けられるようにしましょう。＊以下に参考として示す単語と意味は必ずしも準4級レベルのものではありません。

(2点×5)

10 (6) shǒujī

❶ shǒujī 手机 （携帯電話）

② shōujù 收据 （領収書）

③ shōují 收集 （集める）

④ Xiùjí 秀吉 （ヒデヨシ）

11 (7) lǔxíng

① nǔxìng 女性 （女性）

② lùxiàng 录像 （録画する）

❸ lǔxíng 旅行 （旅行する）

④ liúxíng 流行 （流行する，はやっている）

12 (8) chūntiān

① shùntiān 顺天 （天に従う）

② zēngtiān 增添 （増やす）

③ chōngtián 充填 （埋める）

❹ chūntiān 春天 （春）

13 (9) Běijīng

① bèijǐng 背景 （背景，バック）

❷ Běijīng 北京 （ペキン）

③ bǎijǐng 百景 （百景）

④ bèiyǐng 背影 （後ろ姿）

14 (10) bàozhǐ

① bǎozhì 保质 （質を保証する）

② bǎochí 保持 （維持する）

❸ bàozhǐ 报纸 （新聞）

④ bāojī 包机 （飛行機をチャーターする，チャーター機）

3. 日文中訳（単語）：与えられた日本語に対応する単語またはフレーズの意味を
類義，反義，関連語のグループの中から選びます。

16 (11) あした
    ① qiántiān   前天（おととい）
    ❷ **míngtiān**   明天（あした）
    ③ hòutiān   后天（あさって）
    ④ zuótiān   昨天（きのう）

17 (12) 先生
    ① xuésheng   学生（学生）
    ② sījī   司机（運転手）
    ❸ **lǎoshī**   老师（〔学校の〕先生）
    ④ hùshi   护士（看護師）

    身近な職業名を覚えましょう。

18 (13) コーヒー
    ① píjiǔ   啤酒（ビール）
    ② niúnǎi   牛奶（牛乳）
    ③ hóngchá   红茶（紅茶）
    ❹ **kāfēi**   咖啡（コーヒー）

19 (14) うれしい
    ❶ **gāoxìng**   高兴（うれしい）
    ② piàoliang   漂亮（きれいだ）
    ③ rènao   热闹（にぎやかだ）
    ④ hǎokàn   好看（美しい）

    それぞれ基本的な形容詞です。

20 (15) 本を読む
    ① liànxí   练习（練習する）
    ❷ **kàn shū**   看书（本を読む）
    ③ chàng gē   唱歌（歌う）
    ④ xiě xìn   写信（手紙を書く）

    いずれも日常生活の行動を表す基本的な語句です。「本」は"书"，「読
む」は"看"で，目的語は動詞の後に来ます。よく使う動詞と目的語の
組み合わせを覚えましょう。

解答：1.(1) ❶ (2) ❶ (3) ❸ (4) ❹ (5) ❸ 2.(6) ❶ (7) ❹ (8) ❹ (9) ❸ (10) ❸

1. 日文中訳（語句）：年齢や時間等，数を含む基本的な表現が正確にできるかどうかを問うています。

(2点×5)

22 (1) 11 時 45 分　　❶ 十一点三刻　　shíyī diǎn sān kè　　（11 時 45 分）

② 十一点十五分 shíyī diǎn shíwǔ fēn　（11 時 15 分））

③ 十点四十五分 shí diǎn sìshiwǔ fēn　（10 時 45 分）

④ 十一点一刻　　shíyī diǎn yí kè　　（11 時 15 分）

　　時刻の言い方を覚えましょう。"一刻"は 15 分，"三刻"は 45 分です。時刻を表す場合の「…時」は"…点 diǎn"を使います。"十一 shíyī"と"十 shí"の聞き分けに注意しましょう。

23 (2) 4 月 27 日　　❶ 四月二十七号 sìyuè èrshiqī hào　　（4 月 27 日）

② 十月二十七号 shíyuè èrshiqī hào　（10 月 27 日）

③ 四月二十一号 sìyuè èrshiyī hào　　（4 月 21 日）

④ 十月二十一号 shíyuè èrshiyī hào　（10 月 21 日）

　　月日の言い方を覚えましょう。"四 sì""十 shí""七 qī""一 yī"の聞き分けがポイントです。

24 (3) 39 歳　　① 三十六岁 sānshiliù suì　　（36 歳）

② 三十七岁 sānshiqī suì　（37 歳）

❸ 三十九岁 sānshijiǔ suì　（39 歳）

④ 三十五岁 sānshiwǔ suì　（35 歳）

　　2 けたの数字を正確に聞き取れるようにしましょう。

25 (4) 日曜日　　① 星期四 xīngqīsì　　（木曜日）

② 星期六 xīngqīliù　（土曜日）

③ 星期五 xīngqīwǔ　（金曜日）

❹ 星期天 xīngqītiān　（日曜日）

　　曜日は"星期"を使います。月曜日が"星期一"で，順番に数えていき，

9

金曜日が"星期五"，土曜日が"星期六"です。日曜日は"星期天"または"星期日 xīngqīrì"です。

26 (5) 311 元

① 三百零一元　　sānbǎi líng yī yuán　　（301 元）

② 三百七十元　　sānbǎi qīshí yuán　　（370 元）

❸ 三百一十一元 sānbǎi yīshiyī yuán　（311 元）

④ 三百一十元　　sānbǎi yīshí yuán　　（310 元）

中国語では3けた以上の数の中での10の位，100，1000の位の前には"一"が必要です。"一 yī"と"七 qī"，"十一 shíyī"と"十 shí"を聞き間違えないように注意しましょう。

2. 日文中訳（日常用語）：あいさつ語ほか日常生活の中で使われる基本的な表現を聞いて理解することができるかどうかを問うています。　　　　　　　（2点×5）

28 (6) 朝のあいさつ

❶ 早上好！　Zǎoshang hǎo!　　　おはよう！

② 大家好！　Dàjiā hǎo!　　　　　皆さんこんにちは！

③ 晚安！　　Wǎn'ān!　　　　　　お休みなさい！

④ 晚上好！　Wǎnshang hǎo!　　　こんばんは！

朝晚のあいさつは，それぞれ"…好！"と言います。「朝」は"早上"ですから，朝のあいさつは"早上好！"と言います。

29 (7) 待ってもらいたいとき

① 请你原谅。Qǐng nǐ yuánliàng.　お許しください。

② 请看一看。Qǐng kànyikan.　　ちょっと見てみてください。

③ 请跟我念。Qǐng gēn wǒ niàn.　わたしの後について読んでください。

❹ 请等一下。Qǐng děng yíxià.　　ちょっと待ってください。

"请"は後ろに動詞を伴って「どうぞ…してください」とお願いする表現を作ります。中国語で「待つ」は"等"を使います。動作の分量や時間の長さを表現する言葉はその後ろに置かれます。"一下"は短い時間を示します。

30 ⑻　値段をたずねるとき

①　几个月？　Jǐ ge yuè?　　　　　何か月ですか。

②　几年级？　Jǐ niánjí?　　　　　何年生ですか。

③　多少次？　Duōshao cì?　　　　何回ですか。

❹　多少钱？　Duōshao qián?　　　いくらですか。

　　1けたの数をたずねるときは“几”を使い，“多少”は数の制限なく使います。値段をたずねるときは“多少钱？”と言います。なお，“几”の後には量詞（助数詞）が必要ですが，“多少”の後の量詞は省略することができます。

31 ⑼　どのような状態かをたずねるとき

①　为什么？　Wèi shénme?　　　　なぜですか。

②　做什么？　Zuò shénme?　　　　何をしますか。

❸　怎么样？　Zěnmeyàng?　　　　どうですか。

④　怎么办？　Zěnme bàn?　　　　どうしましょうか。

　　選択肢の文はすべて疑問詞疑問文なので，文末に“吗”を加えません。「どのようであるか」と状態をたずねる場合の疑問詞は“怎么样”です。

32 ⑽　誕生日のお祝いを言うとき

①　一路平安！　Yílù píng'ān!　　　道中ご無事で！

②　请多关照！　Qǐng duō guānzhào!　どうぞよろしく！

❸　生日快乐！　Shēngrì kuàilè!　　誕生日おめでとうございます！

④　新年快乐！　Xīnnián kuàilè!　　明けましておめでとうございます！

　　「誕生日」は“生日”です。誕生日を祝う一般的なあいさつは“生日快乐！”です。

11

3

解答：1. (1) ❸　(2) ❹　(3) ❶　(4) ❷　(5) ❸　2. (6) ❹　(7) ❶　(8) ❷　(9) ❸　(10) ❹
　　　3. (11) ❸　(12) ❸　(13) ❶　(14) ❹　(15) ❸

1. 発音（ピンイン表記）：ピンインの表記は発音に正確に対応しています。ピンイン表記を理解することは正確な発音を身につけることでもあります。　(2点×5)

(1) 说（言う）
　　① shòu　　　② shuò　　　❸ shuō　　　④ shōu
(2) 快（速い）
　　① kuì　　　② guài　　　③ guì　　　❹ kuài
(3) 和（…と）
　　❶ hé　　　② hǔ　　　③ hē　　　④ hù
(4) 电影（映画）
　　① tiànyǐng　　❷ diànyǐng　　③ diànyíng　　④ tiànyíng
(5) 起床（起きる）
　　① qǐchuāng　　② qīchuāng　　❸ qǐchuáng　　④ qīchuáng

> 　単語はピンイン表記が示す発音と一緒に覚えましょう。中国語の発音は日本語の漢字音と似ているものもありますが，大きく異なるものもあるので注意しましょう。日本語からの安易な類推は禁物です。

2. 日文中訳（空欄補充）：空欄に入る語はいずれも文法上のキーワードである。

(6) これは何の辞典ですか。　(2点×5)

　　这是（什么）词典？　Zhè shì shénme cídiǎn?
　　① 怎么 zěnme　　② 哪个 nǎge　　③ 多少 duōshao　　❹ 什么 shénme

> 　「何の」は④の疑問詞"什么"を用います。①"怎么"は「なぜ，どのように」，②"哪个"は「どの」，③"多少"は「どれだけ，どれほど」という意味です。

(7) 郵便局は銀行の前にあります。

邮局 （ 在 ） 银行前边儿。Yóujú zài yínháng qiánbianr.

❶ 在 zài   ② 有 yǒu   ③ 是 shì   ④ 放 fàng

　「…が…にある」という場合,「事物＋"在"＋場所」の語順で表現します。②"有"は「…に…がある／いる」,③"是"は「…は…である」,④"放"は「置く」という意味です。

(8) 彼はあした行きますが，あなたは？

他明天去，你 （ 呢 ） ？ Tā míngtiān qù, nǐ ne?

① 吗 ma   ❷ 呢 ne   ③ 吧 ba   ④ 啊 a

　「彼はあした行きます」という前提を受けて,「…は？」と省略疑問文を作るときは,"…呢？"の形を用います。①"吗"は「…か？」という普通の疑問文を作る語気助詞,③"吧"は推量もしくは提案の語気を表す助詞,④"啊"は感嘆などの語気を表す助詞です。

(9) 彼女も学校へ行きます。

她 （ 也 ） 去学校。Tā yě qù xuéxiào.

① 都 dōu   ② 还 hái   ❸ 也 yě   ④ 又 yòu

　「…も」は，③の副詞"也"を用います。①"都"は「みな」,②"还"は「まだ」という意味です。④"又"は過去に行われた実現済みの動作の繰り返しについていう「また」です。

(10) この料理は高くない。

这个菜 （ 不 ） 贵。Zhège cài bú guì.

① 太 tài   ② 没 méi   ③ 很 hěn   ❹ 不 bù

　形容詞は④"不"で否定します。①"太"は「…すぎる,ひどく…だ」,②"没"は「…していない，しなかった」,③"很"は「とても…」という意味です。なお"贵"は「(値段が) 高い」という意味の形容詞です。

3. 日文中訳（語順選択）：文法上のキーワードを含む基本的な文を正確に組み立てることができるかどうかを問うています。

（2点 × 5）

⑾ わたしは今あまり忙しくありません。

我 〔 ❸ 现在 〕 ② 不 ① 太 ④ 忙。Wǒ xiànzài bú tài máng.

> 「あまり…ではない」という部分否定は，形容詞の前に"不太"を用います。時点を表す"现在"（今）は述部の前に置きます。

⑿ あなたは毎日何時に夕ごはんを食べますか。

你 ④ 每天 ① 几点 〔 ❸ 吃 〕 ② 晚饭?

Nǐ měi tiān jǐ diǎn chī wǎnfàn?

> 中国語の時間詞は日本語と同様に「いつ…する」の語順「時間詞＋動詞」で並べます。したがって「何時に食べますか」は"几点吃饭?"です。時点を表す"每天几点"（毎日何時に）は動詞句"吃晚饭"（夕ごはんを食べる）の前に置きます。

⒀ これはわたしの雑誌ではありません。

这 ④ 不是 〔 ❶ 我 〕 ③ 的 ② 杂志。Zhè bú shì wǒ de zázhì.

> 「…ではない」は"是"の前に副詞の"不"を用いて"不是…"とし，「…の…」は"…的…"とします。

⒁ 母はスーパーで買い物をします。

妈妈 〔 ❹ 在 〕 ② 超市 ③ 买 ① 东西。

Māma zài chāoshì mǎi dōngxi.

> 「…で…する」という場合，「"在"＋場所＋動詞（＋目的語)」となります。"在超市"（スーパーで）は動詞句"买东西"（買い物をする）の前に置きます。

⒂ 彼は日曜日にわたしの家に遊びに来ます。

他 ② 星期天 ④ 来 〔 ❸ 我家 〕 ① 玩儿。

Tā xīngqītiān lái wǒ jiā wánr.

14

複数の動詞を使う場合は，実際に動作を行う順に並べます。まず"来我家"（わたしの家に来る），それから"玩儿"（遊ぶ）となります。時点を表す"星期天"（日曜日）は述部よりも前に置きます。

④

解答：(1) a 信　b 风　　(2) a 看　b 远　　(3) 汉语　　(4) 好喝　　(5) 滑雪

日文中訳（記述式・単語）：現在中国では文字表記に簡体字を用いることが正式に定められています。簡体字の形や画数に注意しましょう。日本の漢字と微妙に，あるいは大きく異なるものが多くあるので，正確に覚えましょう。　　　　　（4点×5）

(1) a　手紙を出す。　　寄信。Jì xìn.
　　b　風が吹く。　　　刮风。Guā fēng.

　　　　a　中国語では，「手紙」は"信"と言います。
　　　　b　「風」の簡体字"风"を正しく書けるようにしましょう。

　　　　风 fēng（風）丿 几 凡 风　　　　　　　　　　　（4画）

(2) a　新聞を読む。　　看报。Kàn bào.
　　b　学校が遠い。　　学校很远。Xuéxiào hěn yuǎn.

　　　　a　書物や新聞などを声を出さずに読むことは"看"と言います。

　　　　看 kàn（看）一 二 三 チ 壬 肀 看 看 看　　（9画）

　　　　b　「遠い」は"远"で，「遠」の簡体字です。"元 yuán"と発音が近いことから作られた簡体字です。

　　　　远 yuǎn（遠）一 二 テ 元 元 沅 远　　　　（7画）

(3) 中国語を学ぶ。　　学习汉语。Xuéxí Hànyǔ.

　　　「中国語」は"汉语"と言い，「漢語」の簡体字です。"中文 Zhōngwén"としても正解です。

(4) このお茶はおいしい。　这个茶很好喝。Zhège chá hěn hǎohē.

　　飲み物がおいしいことを"好喝"と言います。日本語の「喝」とは違います。"喝"の"人"の部分を"メ"や"ヒ"と書かないように気を付けましょう。食べ物がおいしいことは"好吃"と言います。

喝 hē (喝)　丶　丬　口　口丶　口丿　口甼　口甼　口甼　喝　喝　喝　喝

(12画)

(5) スキーをする。　滑雪。Huáxuě.

　　「スキーをする」は"滑雪"と言い，"滑"は「滑」の簡体字です。旁(つくり)の"骨"の上の部分が日本語の「骨」(ほね)とは違います。

滑 huá (滑)　丶　冫　氵　氵　氵　汩　汩　汩　滑　滑　滑　滑

(12画)

16

第99回

(2019年11月)

リスニング （⇨解答と解説22頁）

03 **1** 1. これから読む(1)～(5)の中国語と一致するものを，それぞれ①～④の中から1つ選び，その番号を解答欄にマークしなさい。　　　　　　(10点)

04 (1) 　　　　　① gē 　　② kū 　　③ kē 　　④ gū

05 (2) 　　　　　① bèi 　　② fèi 　　③ pài 　　④ pèi

06 (3) 　　　　　① shǎo 　② shǒu 　③ xiǎo 　④ jiǎo

07 (4) 　　　　　① jú 　　② xú 　　③ xí 　　④ qú

08 (5) 　　　　　① lǚ 　　② lǔ 　　③ lǒu 　　④ rǔ

09 2. (6)～(10)のピンイン表記と一致するものを，それぞれ①～④の中から1つ選び，その番号を解答欄にマークしなさい。　　　　　　(10点)

10 (6) hébiān 　　① 　　　② 　　　③ 　　　④

11 (7) xuéxí 　　① 　　　② 　　　③ 　　　④

12 (8) jīchǎng 　　① 　　　② 　　　③ 　　　④

13 (9) sùjì 　　① 　　　② 　　　③ 　　　④

14 (10) xīfàn 　　① 　　　② 　　　③ 　　　④

15 3. (11)～(15)の日本語を中国語で言い表す場合，最も適当なものを，それぞれ①～④の中から1つ選び，その番号を解答欄にマークしなさい。　　　　　　(10点)

16 (11) おばあちゃん 　① 　　② 　　③ 　　④

17 (12) 医者 　　① 　　　② 　　　③ 　　　④

18 (13) テニス 　　① 　　　② 　　　③ 　　　④

19 (14) あたたかい 　① 　　② 　　③ 　　④

20 (15) 車の運転をする ① 　　② 　　③ 　　④

　2 　1. (1)～(5)の日本語を中国語で言い表す場合，最も適当なものを，それぞれ①～④
　　　の中から1つ選び，その番号を解答欄にマークしなさい。　　　　　　　（10点）

22 　(1) 午後　　　　　　①　　　　　　②　　　　　　③　　　　　　④

23 　(2) あさって　　　　①　　　　　　②　　　　　　③　　　　　　④

24 　(3) 先週の木曜日　①　　　　　　②　　　　　　③　　　　　　④

25 　(4) 10時10分　　　①　　　　　　②　　　　　　③　　　　　　④

26 　(5) 101　　　　　　①　　　　　　②　　　　　　③　　　　　　④

27 　　2. (6)～(10)のような場合，中国語ではどのように言うのが最も適当か，それぞれ①
　　　～④の中から1つ選び，その番号を解答欄にマークしなさい。　　　　（10点）

28 　(6) 人からお礼を言われたとき

　　　　　　①　　　　　　②　　　　　　③　　　　　　④

29 　(7) 国籍をたずねるとき

　　　　　　①　　　　　　②　　　　　　③　　　　　　④

30 　(8) 人にあやまるとき

　　　　　　①　　　　　　②　　　　　　③　　　　　　④

31 　(9) 家族の人数をたずねるとき

　　　　　　①　　　　　　②　　　　　　③　　　　　　④

32 　(10) 人を招き入れるとき

　　　　　　①　　　　　　②　　　　　　③　　　　　　④

3 1.(1)～(5)の中国語の正しいピンイン表記を，それぞれ①～④の中から１つ選び，
その番号を解答欄にマークしなさい。 (10点)

(1) 菜 　① sài 　② zài 　③ cài 　④ zhài

(2) 坐 　① zuò 　② zòu 　③ cuò 　④ còu

(3) 快 　① gài 　② kuài 　③ guài 　④ kǎi

(4) 银行 　① yínháng 　② yīnxíng 　③ yìnghàn 　④ yínhàn

(5) 参观 　① sānkān 　② cāngguān 　③ cānguān 　④ sānguān

2.(6)～(10)の日本語の意味になるように空欄を埋めるとき，最も適当なものを，それぞれ①～④の中から１つ選び，その番号を解答欄にマークしなさい。 (10点)

(6) 病院はあそこにあります。
医院（　　）那儿。
① 从 　② 有 　③ 离 　④ 在

(7) あなたは何がほしいの？
你要（　　）？
① 什么 　② 怎么 　③ 谁 　④ 哪儿

(8) わたしは辞典を１冊持っています。
我有一（　　）词典。
① 张 　② 把 　③ 条 　④ 本

(9) 彼は中国人ですが，彼女は？
他是中国人，她（　　）？
① 吧 　② 吗 　③ 呢 　④ 了

(10) きのうは暑くなかった。
昨天（　　）热。
① 没有 　② 不是 　③ 别 　④ 不

3. (11)〜(15)の日本語の意味になるように，それぞれ①〜④を並べ替えたとき，[　　]内に入るものはどれか，その番号を解答欄にマークしなさい。　　　　　(10点)

(11) わたしは毎晩 12 時に寝ます。

我＿＿＿＿＿＿＿　＿＿＿＿＿＿＿　[　　　　　]　＿＿＿＿＿＿＿。

① 晚上　　　　② 睡觉　　　　③ 每天　　　　④ 十二点

(12) 彼は大学で中国語を勉強しています。

他＿＿＿＿＿＿＿　＿＿＿＿＿＿＿　＿＿＿＿＿＿＿　[　　　　　]。

① 学习　　　　② 大学　　　　③ 在　　　　④ 汉语

(13) きょうは天気がいい。

＿＿＿＿＿＿＿　[　　　　　]　＿＿＿＿＿＿＿　＿＿＿＿＿＿＿。

① 很　　　　② 天气　　　　③ 好　　　　④ 今天

(14) 彼はわたしに日本語を教えています。

＿＿＿＿＿＿＿　＿＿＿＿＿＿＿　[　　　　　]　＿＿＿＿＿＿＿。

① 日语　　　　② 我　　　　③ 他　　　　④ 教

(15) 彼女は北京から来ます。

＿＿＿＿＿＿＿　[　　　　　]　＿＿＿＿＿＿＿　＿＿＿＿＿＿＿。

① 来　　　　② 从　　　　③ 北京　　　　④ 她

4　(1)〜(5)の日本語を中国語に訳したとき，下線部の日本語に当たる中国語を漢字（簡体字）で解答欄に書きなさい。なお，(1)・(2)はいずれも漢字 1 文字で，(3)〜(5)はいずれも漢字 2 文字で解答しなさい。（漢字は崩したり略したりせずに書くこと。）(20点)

(1) a お金を借りる。　　　　b 本を読む。

(2) a 音楽をきく。　　　　b 字を書く。

(3) 電話をかける。

(4) 時間がない。

(5) ごはんを食べる。

21

リスニング

1

解答：1.(1)❸ (2)❹ (3)❶ (4)❷ (5)❹ 2.(6)❸ (7)❷ (8)❹ (9)❹ (10)❶
3.(11)❸ (12)❸ (13)❹ (14)❷ (15)❸

1. 発音（1音節）：中国語の発音が正確に聞き取れているかピンインを使って調べる問題です。ピンインは文字としてではなく音と関連付けて覚えるようにしましょう。＊以下に参考として示す漢字は必ずしも準4級レベルのものではありません。

(2点×5)

04 (1) kē
① gē 哥
② kū 哭
❸ kē 科
④ gū 估

05 (2) pèi
① bèi 被
② fèi 废
③ pài 派
❹ pèi 配

06 (3) shǎo
❶ shǎo 少
② shǒu 手
③ xiǎo 小
④ jiǎo 脚

07 (4) xú
① jú 局
❷ xú 徐
③ xí 习
④ qú 渠

08 (5) rǔ

　　① lǚ　　　旅

　　② lǔ　　　鲁

　　③ lǒu　　楼

　　❹ rǔ　　　汝

2. 発音（2音節）：日常よく使われる語彙について，おろそかに聞くと間違えてしまうような音を集めています。それぞれの音の細かな差は何回も聴いて聞き分けられるようにしましょう。＊以下に参考として示す単語と意味は必ずしも準4級レベルのものではありません。

(2点×5)

10 (6) hébiān

　　① húbiān　　湖边（湖のほとり）

　　② fúbiàn　　服辩（服罪供述書）

　　❸ hébiān　　河边（川のほとり）

　　④ hòubian　　后边（後ろ）

11 (7) xuéxí

　　① xiǎoshí　　小时（…時間）

　　❷ xuéxí　　　学习（学ぶ）

　　③ xiūxi　　　休息（休む）

　　④ xiāoxi　　　消息（ニュース）

12 (8) jīchǎng

　　① jīzhǎng　　机长（機長）

　　② jīzhàn　　　激战（激戦する）

　　③ jùchǎng　　剧场（劇場）

　　❹ jīchǎng　　机场（空港）

13 (9) sùjì

　　① sìjì　　　四季（四季）

　　② sījī　　　司机（運転手）

　　③ sùzhì　　素质（素質）

　　❹ sùjì　　　速记（速記）

14 (10) xīfàn

　　❶ xīfàn　　　稀饭（かゆ）

　　② xíguàn　　习惯（慣れる，習慣）

　　③ jīguān　　机关（機関，エンジン）

　　④ xǐhuan　　喜欢（好む，好きである）

3. 日文中訳（単語）：与えられた日本語に対応する単語またはフレーズの意味を類義，反義，関連語のグループの中から選びます。　　　　　　（2点×5）

16 (11) おばあちゃん
　　① māma　　　妈妈（お母さん）
　　② yéye　　　爷爷（おじいさん）
　　❸ nǎinai　　　奶奶（おばあさん）
　　④ jiějie　　　姐姐（お姉さん）

家族の呼び方を覚えましょう。いずれも軽声語です。

17 (12) 医者
　　① sījī　　　司机（運転手）
　　② lǎoshī　　　老师（〔学校の〕先生）
　　❸ yīshēng　　　医生（医師）
　　④ xuésheng　　　学生（生徒・学生）

身近な職業名を覚えましょう。

18 (13) テニス
　　① zúqiú　　　足球（サッカー）
　　② bàngqiú　　　棒球（野球）
　　③ lánqiú　　　篮球（バスケットボール）
　　❹ wǎngqiú　　　网球（テニス）

いずれも球技名です。①の「サッカーをする」は「蹴る」という動詞 "踢 tī" を使って "踢足球" と言います。それ以外の "棒球" "篮球" "网球" は "打 dǎ" という動詞を使います。

19 (14) あたたかい
　　① rè　　　热（暑い，熱い）
　　❷ nuǎnhuo　　　暖和（暖かい）
　　③ liángkuai　　　凉快（涼しい）
　　④ lěng　　　冷（寒い，冷たい）

いずれも四季の寒暖を表す基本的な形容詞です。

20 (15) 車の運転をする
　　① kāimén　　　开门（戸を開ける）
　　② zuò chē　　　坐车（乗り物に乗る）
　　❸ kāichē　　　开车（車の運転をする）
　　④ shàng chē　　　上车（乗車する）

24

いずれも日常生活の行動を表す基本的な語句です。「運転する」は"开"，「車」は"车"で，目的語は動詞の後に来ます。よく使う動詞と目的語の組み合わせを覚えましょう。

2

解答：1. (1)❷ (2)❹ (3)❶ (4)❹ (5)❹ 2. (6)❸ (7)❶ (8)❷ (9)❹ (10)❸

1. 日文中訳（語句）：人数や時間等，数を含む基本的な表現が正確にできるかどうかを問うています。
(2点×5)

22 (1) 午後
① 早上 zǎoshang （朝）
❷ 下午 xiàwǔ （午後）
③ 晚上 wǎnshang （夕方，夜）
④ 上午 shàngwǔ （午前）

一日の時間帯を表す語を正確に覚えましょう。"上"と"下"との違いを聞き分けられなくてはなりません。

23 (2) あさって
① 明天 míngtiān （あす）
② 前天 qiántiān （おととい）
③ 昨天 zuótiān （きのう）
❹ 后天 hòutiān （あさって）

"昨天"（きのう）"前天"（おととい）"明天"（あす）"后天"（あさって）は日常生活の基本的な時を表す語彙です。正確に覚えましょう。

24 (3) 先週の木曜日
❶ 上星期四 shàng xīngqīsì （先週の木曜日）
② 下星期四 xià xīngqīsì （来週の木曜日）
③ 下星期一 xià xīngqīyī （来週の月曜日）
④ 上星期一 shàng xīngqīyī （先週の月曜日）

曜日は"星期"を使います。月曜日が"星期一"で，順番に数えていき，金曜日が"星期五"，土曜日が"星期六"です。日曜日は"星期天"または"星期日 xīngqīrì"です。先週は"星期"の前に"上 shàng"を，来週は"下 xià"をつけます。"上星期"と"下星期"の聞き分けに注意しましょう。

25 (4) 10 時 10 分　　① 四点十分　　sì diǎn shí fēn　　（4 時 10 分）

② 十点零四分　shí diǎn líng sì fēn　（10 時 4 分）

③ 四点零四分　sì diǎn líng sì fēn　（4 時 4 分）

❹ 十点十分　　shí diǎn shí fēn　　（10 時 10 分）

> "十 shí" と "四 sì" を聞き間違えないように注意しましょう。時刻を表す場合の「…時」は "…点 diǎn" を使います。

26 (5) 101　　　　① 一百一十　　yìbǎi yīshí　　（110）

② 一百一十一　yìbǎi yīshiyī　（111）

③ 一百一　　　yìbǎi yī　　　（110）

❹ 一百零一　　yìbǎi líng yī　（101）

> 「101」は十の位が欠けているので "零 líng" を入れて，十の位がゼロであることを示す必要があります。なお，3けた以上の数の中間の位にある場合，「0」がいくつあっても "零" を1回だけ入れて読みます。例：一千零八 yìqiān líng bā（1008）

2. 日文中訳（日常用語）：あいさつ語ほか日常生活の中で使われる基本的な表現を聞いて理解することができるかどうかを問うています。　　　　　　（2点×5）

28 (6) 人からお礼を言われたとき

① 谢谢你!　Xièxie nǐ!　　　　　ありがとう。

② 麻烦你!　Máfan nǐ!　　　　　お手数をかけます。

❸ 不客气!　Bú kèqi!　　　　　どういたしまして。

④ 太好了!　Tài hǎo le!　　　　本当に良かった。

> "不客气!" はお礼や感謝に対する返礼の表現です。時には「遠慮しません」「遠慮なくいただきます」のように，自らの態度を伝えるのにも使われます。

29 (7) 国籍をたずねるとき

❶ 你是哪国人?　Nǐ shì nǎguórén?　あなたはどの国の人ですか。

② 你去哪儿?　　Nǐ qù nǎr?　　　あなたはどこに行きますか。

③ 你吃什么?　　Nǐ chī shénme?　あなたは何を食べますか。

④ 你贵姓?　　　Nǐ guìxìng?　　　あなたのお名前は？

国籍をたずねるときは"哪国人?"（どちらの国の方）が簡単な聞き方です。

30 (8) 人にあやまるとき

① 没什么!　　　Méi shénme!　　　何でもありません。

❷ 对不起!　　　Duìbuqǐ!　　　　すみません。

③ 没关系!　　　Méi guānxi!　　　大丈夫です。

④ 哪里，哪里!　Nǎli, nǎli!　　　どういたしまして。

　"对不起!"（顔向けができない）は人にあやまるときに「すみません，ごめんなさい」という意味で一般的に用いられる表現です。③"没关系!"は"对不起!"と言われた場合に相手に返すことばです。

31 (9) 家族の人数をたずねるとき

① 你家在哪儿?　　Nǐ jiā zài nǎr?　　　あなたの家はどちらですか。

② 你有几个妹妹?　Nǐ yǒu jǐ ge mèimei?　あなたは何人妹がいますか。

③ 你今年多大?　　Nǐ jīnnián duō dà?　　あなたは今年何歳ですか。

❹ 你家有几口人?　Nǐ jiā yǒu jǐ kǒu rén?　あなたの家は何人家族ですか。

　"几口人"は何人家族かをたずねるときに用いる表現で，"口"は家族の人数を数える量詞です。

32 (10) 人を招き入れるとき

① 请坐!　Qǐng zuò!　　どうぞお掛けください。

② 谢谢!　Xièxie!　　　ありがとう。

❸ 请进!　Qǐng jìn!　　どうぞお入りください。

④ 再见!　Zàijiàn!　　さようなら。

　"请 qǐng"は後ろに動詞を伴って「どうぞ…してください」とお願いする表現を作ります。中国語で「入る」は"进"を使います。

$$\boxed{筆\ 記}$$

3

解答：1. (1) ❸　(2) ❶　(3) ❷　(4) ❶　(5) ❸　2. (6) ❹　(7) ❶　(8) ❹　(9) ❸　(10) ❹
　　　3. (11) ❹　(12) ❹　(13) ❷　(14) ❷　(15) ❷

1. 発音（ピンイン表記）：ピンインの表記は発音に正確に対応しています。ピンイン表記を理解することは正確な発音を身につけることでもあります。　(2点×5)

(1) 菜（料理）

　　① sài　　　　② zài　　　　❸ cài　　　　④ zhài

(2) 坐（腰掛ける）

　　❶ zuò　　　② zòu　　　　③ cuò　　　　④ còu

(3) 快（速い）

　　① gài　　　❷ kuài　　　　③ guài　　　　④ kǎi

(4) 银行（銀行）

　　❶ yínháng　　② yīnxíng　　③ yìnghàn　　④ yínhàn

(5) 参观（参観する）

　　① sānkān　　② cāngguān　　❸ cānguān　　④ sānguān

> 単語はピンイン表記が示す発音と一緒に覚えましょう。中国語の発音は日本語の漢字音と似ているものもありますが，大きく異なるものもあるので注意しましょう。日本語からの安易な類推は禁物です。

2. 日文中訳（空欄補充）：空欄に入る語はいずれも文法上のキーワードである。

(2点×5)

(6) 病院はあそこにあります。

　　医院（ 在 ）那儿。Yīyuàn zài nàr.

　　① 从 cóng　　② 有 yǒu　　③ 离 lí　　❹ 在 zài

> 「…は…にいる／ある」と人・モノの所在を表すには「人・モノ＋"在"＋場所」の語順になります。④ "在" が正解です。② "有" は「場所＋"有"＋人・モノ」で，ある場所に人・モノが存在することを表します。

28

① "从" は「…から」と時間・場所の起点を，③ "离" は「…から（まで）」と２点間の空間的・時間的隔たりを表します。

(7) あなたは何がほしいの？

你要（ 什么 ）？ Nǐ yào shénme?

❶ 什么 shénme　② 怎么 zěnme　③ 谁 shéi　④ 哪儿 nǎr

　　基本的な疑問詞の使い方を覚えましょう。①"什么" は「なに」，②"怎么" は「どうやって，なぜ」，③"谁" は「だれ」，④"哪儿" は「どこ」という意味です。

(8) わたしは辞典を１冊持っています。

我有一（ 本 ）词典。Wǒ yǒu yì běn cídiǎn.

① 张 zhāng　② 把 bǎ　③ 条 tiáo　❹ 本 běn

　　量詞を選ぶ問題です。冊子状の物を数える④"本" が正解です。①"张" は大小にかかわらず平らな面を持つもの，②"把" は取っ手など握る部分のあるもの，③"条" は細長い物やスカート・ズボンなどを数えます。

(9) 彼は中国人ですが，彼女は？

他是中国人，她（ 呢 ）？ Tā shì Zhōngguórén, tā ne?

① 吧 ba　② 吗 ma　❸ 呢 ne　④ 了 le

　　「…は？」というのは省略疑問文で，③の "呢" が正解です。①"吧" は「…でしょう（推量），…しましょう（提案），…しなさい（軽い命令）」，②"吗" は「…か（疑問）」，④"了" は「…した」と動作の完了や変化を表します。

(10) きのうは暑くなかった。

昨天（ 不 ）热。Zuótiān bú rè.

① 没有 méiyǒu　② 不是 bú shì　③ 别 bié　❹ 不 bù

　　形容詞は過去のことであっても "不" で否定し，"不是" や "没有" は使いません。④"不" が正解です。③"别" は「…するな」という禁止を表します。

3. 日文中訳（語順選択）：文法上のキーワードを含む基本的な文を正確に組み立てることができるかどうかを問うています。 (2点×5)

⑾ わたしは毎晩 12 時に寝ます。

我 ③ 每天 ① 晚上 [❹ 十二点] ② 睡觉。

Wǒ měi tiān wǎnshang shí'èr diǎn shuìjiào.

> 中国語では時点は動詞の前に置きます。

⑿ 彼は大学で中国語を勉強しています。

他 ③ 在 ② 大学 ① 学习 [❹ 汉语]。

Tā zài dàxué xuéxí Hànyǔ.

> 「…で…する」は「"在" + 場所 + 動詞(句)」の語順で表します。

⒀ きょうは天気がいい。

④ 今天 [❷ 天气] ① 很 ③ 好。

Jīntiān tiānqì hěn hǎo.

> この文の主語は"今天"で, 述部の"天气很好"がさらに「主語 + 述語」から出来ています。このような文型を主述述語文と言います。

⒁ 彼はわたしに日本語を教えています。

③ 他 ④ 教 [❷ 我] ① 日语。

Tā jiāo wǒ Rìyǔ.

> 動詞"教"は「…に（人）…を（モノ・事)」と 2 つの目的語を取ります。

⒂ 彼女は北京から来ます。

④ 她 [❷ 从] ③ 北京 ① 来。

Tā cóng Běijīng lái.

> 場所・時間の起点を表す「…から」は"从…"を用い, "从北京"（北京から）として動詞(句) の前に置きます。

4

解答：(1) a 钱　b 书　　(2) a 听　b 写　　(3) 电话　　(4) 时间　　(5) 吃饭

日文中訳（記述式・単語）：現在中国では文字表記に簡体字を用いることが正式に定められています。簡体字の形や画数に注意しましょう。日本の漢字と微妙に，あるいは大きく異なるものが多くあるので，正確に覚えましょう。　　　　（4点×5）

(1) a　お金を<u>借りる</u>。　　借钱。Jiè qián.
　　b　<u>本</u>を読む。　　看书。Kàn shū.

　　　　a 「お金」は "钱" と言います。「銭」の簡体字は金偏が5画に省略され，旁も横棒が1本少ないので注意しましょう。

　　　　钱 qián（銭）ノ 𠂉 𠂉 钅 钅 钅 钅 钱 钱 钱　　　（10画）

　　　　b 「本」は "书"，「書」の簡体字です。

　　　　书 shū（書）フ 𡦅 书 书　　　　　　　　　　　　（4画）

(2) a　音楽を<u>きく</u>。　　听音乐。Tīng yīnyuè.
　　b　字を<u>書く</u>。　　写字。Xiě zì.

　　　　a 「きく」は "听"，「聽」の簡体字です。

　　　　听 tīng（聽）丶 丨 ロ ロ ロ 听 听　　　　　　　（7画）

　　　　b 5画目は突き出ないように注意しましょう。

　　　　写 xiě（写）丶 𠖌 𠖌 写 写　　　　　　　　　　（5画）

(3) <u>電話</u>をかける。　　打电话。Dǎ diànhuà.

　　　　"电" は「電」の簡体字です。言偏は2画になるので注意しましょう。

　　　　电 diàn（電）丶 ロ 日 日 电　　　　　　　　　　（5画）

　　　　话 huà（話）丶 讠 讠 话 话 话 话 话　　　　　　（8画）

31

⑷ 時間がない。　没有时间。Méiyǒu shíjiān.

> 　"时"は「時」の簡体字です。旁は「寺」の下「寸」に略されています。
> "间"のもんがまえは先に「冂」を書いて「、」を打ってはいけません。
>
> 　间 jiān（間）　ヽ　丨　冂　门　问　间　间　　　　　（7画）

⑸ ごはんを食べる。　吃饭。Chī fàn.

> 　"吃"は「喫」の簡体字です。"饭"の食偏は簡体字では3画ですから
> 書き方に注意しましょう。また旁の"反"の第1筆は右上から書き始め
> 左の方向にはらいます。
>
> 　吃 chī（喫）　丨　口　口　口'　吃　吃　　　　　（6画）
>
> 　饭 fàn（飯）　ノ　ㇰ　饣　饣　饣　饭　饭　　　　（7画）

準4級
基本語彙集

付・あいさつ語
動詞と目的語の組み合わせ

中検準4級レベルの基本的な語彙ならびにフレーズ（一部4級レベルのものを含む）695語を収める。数字，月名，"星期天"を除く曜日名，国名・都市名等の固有名詞は収録しない。

- 品詞名の後の〔~儿〕はしばしば"儿"化して発音されることを示す。
- 軽声，非軽声の両方に発音される語については，原則として軽声を採用した。
- ピンイン中に∥を付したVO構造の動詞は他の成分が挿入され分離することがあることを示す。
- 名詞の訳語の後に《　》内に示す語は，その名詞を数えるのによく使われる量詞（助数詞）である。ただし，広く普通名詞に用いられる"个"はいちいち示さない。
- 〈口〉は多く口語で使用されることを示す。
- 品詞名の略号は次のとおりである。

名 名詞	動 動詞	助動 助動詞	形 形容詞	数 数詞
量 量詞(＝助数詞)	数量 数詞＋量詞			
代 代詞(名詞・動詞・形容詞・数量詞・副詞に代わる語)				副 副詞
介 介詞(＝前置詞)	接 接続詞(＝連詞)		助 助詞	接頭 接頭辞
接尾 接尾辞	□ 連語またはよく使われるフレーズ			

啊	a	助	感嘆・注意の喚起・軽い疑問などの語気を示す："哪"(na), "哇"(wa), "呀"(ya) などに変音することがある
矮	ǎi	形	(背丈が)低い
爱	ài	動	愛する, 好む
爱好	àihào	名	趣味

把	bǎ	量	柄や握る箇所のある物を数える
爸爸	bàba	名	父, お父さん；"爸"(bà) とも
吧	ba	助	勧誘・推測などの語気を示す
白	bái	形	白い⇔"黑"(hēi)
白天	báitiān	名	日中, 昼間
百	bǎi	数	百, 百の位
班	bān	名	クラス, 学級
搬家	bān//jiā	動	引っ越しをする
办	bàn	動	(手続きなどを)する, 行う, 処理する
半	bàn	数	半分, 2分の1；時間の30分
帮助	bāngzhù	動	助ける, 援助する
棒球	bàngqiú	名	野球
包	bāo	動	包む
		名	(~儿)①包み ②バッグ, かばん
包子	bāozi	名	パオズ；中華まんじゅう
饱	bǎo	形	満腹している
报	bào	名	新聞；"报纸"(bàozhǐ) とも

抱	bào	動	抱く, 抱きかかえる
杯	bēi	量	コップ・グラスに入った物を数える
杯子	bēizi	名	コップ, グラス
北边	běibian	名	(~儿)北側, 北の方
背	bèi	名	背中
		動	暗唱する
本	běn	量	(~儿)本や雑誌を数える
本子	běnzi	名	ノート
鼻子	bízi	名	鼻
笔	bǐ	名	ペン, 筆；筆記用具
毕业	bì//yè	動	卒業する
表	biǎo	名	時計；腕時計や懐中時計の類
别	bié	副	…してはいけない；"不要"(búyào) とも
别的	bié de	□	ほかの(もの)
病	bìng	動	病む, 病気になる
伯伯	bóbo	名	おじさん；父の兄
不	bù	副	①(動詞や形容詞の前に用いて)…しない, …でない ②(応答に用いて)いいえ
不错	búcuò	形	よい, 悪くない
不太	bú tài	□	あまり…でない
不行	bùxíng	形	だめだ, いけない
不要	búyào	副	…してはいけない；"别"(bié) とも
不用	búyòng	副	…するに及ばない

擦	cā	動	こする；ぬぐう
擦黑板	cā hēibǎn	□	黒板をふく
擦脸	cā liǎn	□	顔をふく
菜	cài	名	料理, おかず
菜单	càidān	名	メニュー

厕所	cèsuǒ	名	トイレ
茶	chá	名	お茶
查	chá	動	調べる
查词典	chá cídiǎn	□	辞書を引く
长	cháng	形	長い
唱歌	chàng gē	□	歌を歌う
车	chē	名	車;自転車, 自動車《辆 liàng》
车站	chēzhàn	名	駅, 停留所
吃	chī	動	食べる
吃饭	chī fàn	□	ごはんを食べる
吃药	chī yào	□	薬をのむ
抽烟	chōu yān	□	たばこを吸う
出	chū	動	出る, 出す
出发	chūfā	動	たつ, 出発する
出门	chū//mén	動	外出する
出租车	chūzūchē	名	タクシー;"出租汽车"(chūzū qìchē), "的士"(díshì)とも
厨房	chúfáng	名	台所, キッチン
穿	chuān	動	着る, 履く
穿鞋	chuān xié	□	靴を履く
穿衣服	chuān yīfu	□	服を着る
船	chuán	名	船《只 zhī》
窗户	chuānghu	名	窓
床	chuáng	名	ベッド《张 zhāng》
吹	chuī	動	吹く, 吹きつける
春节	Chūnjié	名	春節;旧正月
春天	chūntiān	名	春
词典	cídiǎn	名	辞典《本 běn》
次	cì	量	回数を数える
聪明	cōngming	形	賢い
从	cóng	介	…から;起点を示す
粗	cū	形	太い
错	cuò	形	間違っている

D

打	dǎ	動	①打つ, 殴る

			②(さまざまな動作を)する
			③(球技などを)する
打电话	dǎ diànhuà	□	電話をかける
打工	dǎ//gōng	動	アルバイトをする
打扫	dǎsǎo	動	掃除する
打算	dǎsuan	動	…するつもりだ
打网球	dǎ wǎngqiú	□	テニスをする
大	dà	形	大きい
大家	dàjiā	代	皆, 皆さん
大学	dàxué	名	大学
大衣	dàyī	名	オーバー, 外套
大夫	dàifu	名	医者, お医者さん
带	dài	動	帯びる, 身につける
带手表	dài shǒubiǎo	□	腕時計をはめる
戴	dài	動	身につける
戴帽子	dài màozi	□	帽子をかぶる
戴眼镜	dài yǎnjìng	□	めがねをかける
当	dāng	動	…になる;職に就く, 役割を務める
到	dào	動	着く, 到着する
地	de	助	連用修飾語を作る
的	de	助	…の;連体修飾語を作る
得	de	助	補語を導く
等	děng	動	待つ
低	dī	形	低い
底下	dǐxia	名	(…の)下
地方	dìfang	名	所, 場所
地铁	dìtiě	名	地下鉄
弟弟	dìdi	名	弟
第	dì-	接頭	(整数の前に用いて)順序を表す
点	diǎn	量	時(じ);時間を数える
点心	diǎnxin	名	点心;おやつふうの軽い食べ物
电话	diànhuà	名	電話
电脑	diànnǎo	名	コンピューター, パ

			ソコン《台 tái》
电视	diànshì	名	①テレビ
			②テレビ受像機
电影	diànyǐng	名	(〜儿)映画《部 bù》
东边	dōngbian	名	(〜儿)東側, 東の方
东西	dōngxi	名	物, 品物
冬天	dōngtiān	名	冬
懂	dǒng	動	わかる, 理解する
都	dōu	副	みな, すべて
读	dú	動	(声を出して)読む
肚子	dùzi	名	腹, おなか
短	duǎn	形	短い
对	duì	形	合っている, 正しい,
			そのとおりだ
		量	対を成す物を数える
对不起	duìbuqǐ	動	(顔向けできない⇒)
			すみません
多	duō	形	多い
		代	どれほど
多少	duōshao	代	どのくらい

E

饿	è	形	腹がへっている
儿子	érzi	名	息子
耳朵	ěrduo	名	耳《只 zhī》

F

发	fā	動	(手紙などを)出す,
			(物を)配る
法语	Fǎyǔ	名	フランス語
饭	fàn	名	ごはん, 食事
饭店	fàndiàn	名	①ホテル
			②レストラン
方便	fāngbiàn	形	便利だ
房间	fángjiān	名	部屋, ルーム
房子	fángzi	名	家
放	fàng	動	置く
放假	fàng//jià	動	休みになる

飞	fēi	動	飛ぶ
飞机	fēijī	名	飛行機《架 jià》
非常	fēicháng	副	非常に
分	fēn	量	①分(ふん);時間を数え
			る
			②分(ぶ);通貨の単
			位, "角"(jiǎo)の 10
			分の 1
风	fēng	名	風
父亲	fùqin	名	父, 父親
付钱	fù qián	□	金を払う
复习	fùxí	動	復習する

G

干净	gānjìng	形	きれいだ, 清潔だ
干杯	gān//bēi	動	乾杯する
干	gàn	動	する, 行う
钢笔	gāngbǐ	名	ペン, 万年筆《支 zhī》
钢琴	gāngqín	名	ピアノ
高	gāo	形	高い
高兴	gāoxìng	形	うれしい
告诉	gàosu	動	(…に…を)告げる,
			教える
哥哥	gēge	名	兄, お兄さん
歌	gē	名	(〜儿)歌
歌手	gēshǒu	名	歌手
个	gè	量	広く人や物を数え
			る;多く軽声 ge
给	gěi	動	(…に…を)与える
		介	…に;動作・行為の相
			手や受益者を導く
跟	gēn	介	…と, …に;動作・行
			為の相手を示す
		接	…と…;並列を表す
工作	gōngzuò	動	働く, 仕事をする
		名	仕事
公共汽车	gōnggòng qìchē	□	乗合バス
公里	gōnglǐ	量	キロメートル

公司	gōngsī	名	会社《家 jiā》
公园	gōngyuán	名	公園
狗	gǒu	名	犬《条 tiáo》
故事	gùshi	名	物語
刮风	guā fēng	□	風が吹く
挂	guà	動	掛ける, 掛かる
关	guān	動	(門や戸を)閉める, (スイッチを)切る
关门	guān//mén	動	①扉を閉める ②閉店する
广场	guǎngchǎng	名	広場
贵	guì	形	(値段が)高い
贵姓	guìxìng	名	どなた；姓を聞く
国	guó	名	国, ＝"国家"(guójiā)
过	guò	動	①通り過ぎる ②日を過ごす
过	guo	助	経験を示す；…した ことがある

H

还	hái	副	まだ, なお, さらに
还是	háishi	接	…か, それとも…か；選択疑問文を作る
孩子	háizi	名	子, 子供
汉语	Hànyǔ	名	中国語；漢民族の言語
汉字	Hànzì	名	漢字
好	hǎo	形	よい
好吃	hǎochī	形	うまい, おいしい
好看	hǎokàn	形	きれいだ, 美しい
好听	hǎotīng	形	(音や声が)美しい
号	hào	量	(~儿)①番号 ②何月何日の「日」
喝	hē	動	飲む
喝茶	hē chá	□	茶を飲む
喝酒	hē jiǔ	□	酒を飲む
和	hé	介	…と, …に；動作・行為の相手を示す

		接	…と…；並列を表す
河	hé	名	川, 河《条 tiáo》
黑	hēi	形	①黒い⇔"白"(bái) ②暗い
黑板	hēibǎn	名	黒板
很	hěn	副	たいへん, とても
红	hóng	形	赤い
红茶	hóngchá	名	紅茶
后边	hòubian	名	(~儿)後ろ, 後ろの方
后年	hòunián	名	さらい年
后天	hòutiān	名	あさって, 明後日
护士	hùshi	名	看護師
花	huā	名	(~儿)花
		動	費やす
滑冰	huá//bīng	動	スケートをする
滑雪	huá//xuě	動	スキーをする
画	huà	動	描く
		名	(~儿)絵
画画儿	huà huàr	□	絵を描く
画家	huàjiā	名	画家
话	huà	名	ことば, 話, 文句
坏	huài	形	悪い
		動	壊す, 壊れる
欢迎	huānyíng	動	歓迎する
还	huán	動	返す
换	huàn	動	換える, 交換する
换车	huàn chē	□	車を乗り換える
还钱	huàn//qián	動	両替する
黄	huáng	形	黄色い
回	huí	動	帰る, 戻る
		量	回数を数える
回答	huídá	動	答える, 返答する
回国	huí guó	□	国に帰る
回家	huí jiā	□	家に帰る
回头	huí//tóu	動	振り返る
		副	(huítóu)のちほど
会	huì	助動	…できる；習得した技術・技能について

火车 huǒchē　　名 汽車

J

机场 jīchǎng　　名 空港
几　 jǐ　　数 いくつ;およそ10以下の不定数を示す
记　 jì　　動 ①覚える　②記す
寄　 jì　　動 郵送する
寄信 jì xìn　　□ 手紙を出す
家　 jiā　　名 家,家庭
简单 jiǎndān　　形 簡単だ
见　 jiàn　　動 会う
件　 jiàn　　量 衣服や事柄などを数える
讲　 jiǎng　　動 説く,話す
交　 jiāo　　動 手渡す
教　 jiāo　　動 教える
角　 jiǎo　　量 角;通貨の単位,"元"(yuán)の10分の1
饺子 jiǎozi　　名 ギョーザ
脚　 jiǎo　　名 足;くるぶしから先
叫　 jiào　　動 ①呼ぶ,叫ぶ　②…と称する,名を…と言う
教室 jiàoshì　　名 教室
接　 jiē　　動 (物を)受け取る,(電話などを)受ける,(人を)出迎える
街　 jiē　　名 街,通り《条 tiáo》
节目 jiémù　　名 番組,プログラム
结婚 jié//hūn　　動 結婚する
姐姐 jiějie　　名 姉,お姉さん
介绍 jièshào　　動 紹介する
借　 jiè　　動 借りる,貸す
借钱 jiè qián　　□ 金を借りる
今年 jīnnián　　名 今年,ことし
今天 jīntiān　　名 本日,きょう

进　 jìn　　動 入る
近　 jìn　　形 近い
酒　 jiǔ　　名 酒
旧　 jiù　　形 古い

K

咖啡 kāfēi　　名 コーヒー
开　 kāi　　動 (門や戸を)開ける,開く,(スイッチを)入れる
开车 kāi//chē　　動 車を運転する
开会 kāi//huì　　動 会を開く,会に出る
开门 kāi//mén　　動 門や戸を開ける
开始 kāishǐ　　動 始める,始まる,開始する
开水 kāishuǐ　　名 湯,熱湯
看　 kàn　　動 見る,読む
看病 kàn//bìng　　動 ①診察する,診察を受ける　②病人をみまう
看电视 kàn diànshì　　□ テレビを見る
看电影 kàn diànyǐng　　□ 映画を観る
看见 kànjiàn　　動 見える,目に入る
看书 kàn shū　　□ 本を読む
渴　 kě　　形 のどが渇いている
刻　 kè　　動 刻む　量 15分
客气 kèqi　　形 遠慮する
客人 kèren　　名 客
课　 kè　　名 授業,課目　量 テキストの課を数える
课本 kèběn　　名 テキスト,教科書
空　 kòng　　名 (～儿)暇
口　 kǒu　　量 ①家族の人数を数える　②豚を数える
口袋 kǒudai　　名 (～儿)①袋

38

			②ポケット
哭	kū	動	泣く
苦	kǔ	形	苦い
裤子	kùzi	名	ズボン《条 tiáo》
块	kuài	量	①塊状の物を数える ②通貨の単位;"元"(yuán)に同じ
快	kuài	形	速い
		副	①速く②まもなく(…する,…になる)
快要	kuàiyào	副	まもなく(…する,…になる)
筷子	kuàizi	名	箸(はし)《双 shuāng》

L

拉	lā	動	引く,引っ張る
辣	là	形	辛い
来	lái	動	①来る ②(-lai)(補語として用い)近づくことを表す
篮球	lánqiú	名	バスケットボール
老	lǎo	形	年老いている
		接頭	年長者の姓にかぶせて親近感を示す
老虎	lǎohǔ	名	虎《只 zhī》
老师	lǎoshī	名	(学校の)先生
老鼠	lǎoshǔ	名	ねずみ《只 zhī》
姥姥	lǎolao	名	おばあさん;母方の祖母
姥爷	lǎoye	名	おじいさん;母方の祖父
了	le	助	完了や変化を示す
累	lèi	形	疲れている
冷	lěng	形	寒い,冷たい
礼物	lǐwù	名	贈り物,プレゼント
里	lǐ	名	(…の)中〈口〉軽声 li
脸	liǎn	名	顔《张 zhāng》

练习	liànxí	動	練習する
		名	練習,練習問題
凉	liáng	形	冷たい,冷えている
凉快	liángkuai	形	涼しい
两	liǎng	数	ふたつ,ふたり;個数や人数を数える
辆	liàng	量	車両を数える
零	líng	数	①零,ゼロ ②3桁以上の数において空位を示す
留学	liú//xué	動	留学する
留学生	liúxuéshēng	名	留学生
流利	liúlì	形	(ことばが)流暢だ
楼	lóu	名	①2階建以上の建物 ②階,フロア
路	lù	名	道,道路《条 tiáo》
旅行	lǚxíng	動	旅行する
旅游	lǚyóu	動	観光旅行をする
绿	lǜ	形	緑色の

M

妈妈	māma	名	母,お母さん;"妈"(mā)とも
马	mǎ	名	馬《匹 pǐ》
马路	mǎlù	名	大通り《条 tiáo》
马上	mǎshàng	副	すぐに,直ちに
吗	ma	助	疑問の語気を表す
买	mǎi	動	買う
买东西	mǎi dōngxi	□	買い物をする
卖	mài	動	売る
馒头	mántou	名	マントウ;中華ふう蒸しパン
慢	màn	形	(動作・速度が)遅い,ゆっくりしている
忙	máng	形	忙しい
猫	māo	名	猫《只 zhī》
毛	máo	量	通貨の単位;"角"(jiǎo)に同じ

毛衣	máoyī	名 セーター《件 jiàn》
帽子	màozi	名 帽子《顶 dǐng》
没(有)	méi(you)	副 動作が発生していないことを示す
没有	méiyǒu	動 ない, いない
每天	měi tiān	□ 毎日
妹妹	mèimei	名 妹
门	mén	名 門, 戸, ドア
门口	ménkǒu	名《~儿》入口, 戸口
门前	ménqián	名 門の前
门外	ménwài	名 門の外
们	-men	接尾 複数を表す
米	mǐ	名 米
		量 メートル
米饭	mǐfàn	名 米飯, ライス
面包	miànbāo	名 パン
面条儿	miàntiáor	□ うどん
名字	míngzi	名 名, 名前
明白	míngbai	形 明らかだ
明年	míngnián	名 来年
明天	míngtiān	名 明日, あした
母亲	mǔqin	名 母, 母親

N

拿	ná	動 手に持つ
哪	nǎ	代 どれ, どの〈口〉něi
哪个	nǎge	代 どれ, どの〈口〉něige
哪里	nǎli	代 どこ
哪儿	nǎr	代〈口〉どこ
哪些	nǎxiē	代 どれだけ, どれだけの
那	nà	代 それ, あれ; その, あの〈口〉nèi
		接 では, それでは
那个	nàge	代 それ, あれ; その, あの〈口〉nèige
那里	nàli	代 そこ, あそこ
那么	nàme	代 そのように

		接 では, それでは
那儿	nàr	代〈口〉そこ, あそこ
那些	nàxiē	代 それら, あれら; それらの, あれらの
那样	nàyàng	代《~儿》あのような, そのような; あのように, そのように
奶奶	nǎinai	名 おばあさん; 父方の祖母
男	nán	形 男の⇔"女"(nǚ)
南边	nánbian	名《~儿》南側, 南の方
难	nán	形 難しい
呢	ne	助 疑問や継続・進行の語気を示す
能	néng	助動 (能力・可能性があって)…できる
你	nǐ	代 あなた, きみ; 複数形は"你们"(nǐmen)
年	nián	量 年数を数える
年级	niánjí	名 学年
年纪	niánjì	名 年齢
年轻	niánqīng	形 年が若い
念	niàn	動 (声を出して)読む
念书	niàn shū	□ 本を読む
您	nín	代 あなた: "你"(nǐ)の敬称
牛	niú	名 牛《头 tóu》
牛奶	niúnǎi	名 牛乳, ミルク
女	nǚ	形 女の⇔"男"(nán)
女儿	nǚ'ér	名 娘
暖和	nuǎnhuo	形 暖かい

P

排球	páiqiú	名 バレーボール
旁边	pánbiān	名《~儿》そば, かたわら
胖	pàng	形 太っている⇔"瘦"(shòu)
跑	pǎo	動 走る

朋友	péngyou	名	友達, 友人
啤酒	píjiǔ	名	ビール
匹	pǐ	量	馬を数える
便宜	piányi	形	(値段が) 安い
票	piào	名	切符 (张 zhāng)
漂亮	piàoliang	形	きれいだ
苹果	píngguǒ	名	りんご
瓶	píng	名	(～儿) 瓶, ボトル
		量	瓶によって数える

Q

骑	qí	動	(またがって) 乗る
骑马	qí mǎ	□	馬に乗る
骑自行车	qí zìxíngchē	□	自転車に乗る
起	qǐ	動	立つ, 起きる
起床	qǐ//chuáng	動	起きる, 起床する
汽车	qìchē	名	自動車 (辆 liàng)
千	qiān	数	千, 千の位
铅笔	qiānbǐ	名	鉛筆 (支 zhī)
前边	qiánbian	名	(～儿) 前, 前の方
前年	qiánnián	名	おととし, 一昨年
前天	qiántiān	名	おととい, 一昨日
钱	qián	名	お金
浅	qiǎn	形	浅い
墙	qiáng	名	壁, 塀
敲门	qiāo mén	□	ドアをノックする
桥	qiáo	名	橋 (座 zuò)
轻	qīng	形	軽い
清楚	qīngchu	形	はっきりしている
晴	qíng	形	晴れている
请	qǐng	動	①請う ②どうぞ…してくだ さい
请客	qǐng//kè	動	客を招く
请问	qǐngwèn	動	尋ねる, お伺いする
秋天	qiūtiān	名	秋
去	qù	動	①行く, 出かける ②(-qu) (補語として

			用い) 遠ざかること を表す
去年	qùnián	名	昨年, 去年
裙子	qúnzi	名	スカート (条 tiáo)

R

热	rè	形	(気候が) 暑い, (飲食 物などが) 熱い
热闹	rènao	形	にぎやかだ
人	rén	名	人間, 人
认识	rènshi	動	知る, 知っている
日语	Rìyǔ	名	日本語
容易	róngyì	形	易しい, 容易だ
肉	ròu	名	肉

S

伞	sǎn	名	傘 (把 bǎ)
散步	sàn//bù	動	散歩する
山	shān	名	山 (座 zuò)
商店	shāngdiàn	名	店, 商店 (家 jiā)
商量	shāngliang	動	相談する
上	shàng	動	上がる, 行く
		名	①(時間的に) 先, 前 ②(shang) (…の) 上
上班	shàng//bān	動	(～儿) 出勤する⇔ "下班"(xià//bān)
上边	shàngbian	名	(～儿) 上, 上の方
上课	shàng//kè	動	授業をする, 授業を 受ける⇔"下课" (xià//kè)
上午	shàngwǔ	名	午前
上学	shàng//xué	動	通学する
少	shǎo	形	少ない
谁	shéi	代	誰
身体	shēntǐ	名	身体:健康状態
深	shēn	形	深い
什么	shénme	代	なに, なんの, どんな
什么地方	shénme dìfang	□	どこ

什么时候 shénme shíhou □ いつ

生日 shēngrì 名 誕生日

时候 shíhou 名 時, 頃

十 shí 数 十, 十の位

食堂 shítáng 名 食堂

事 shì 名 (〜儿)事, 事柄, 用事; "事情"(shìqing) とも《件 jiàn》

是 shì 動 …である

收 shōu 動 収める, 受け取る

收拾 shōushi 動 片づける, 整理する

收音机 shōuyīnjī 名 ラジオ《台 tái》

手 shǒu 名 手;手首から先

手表 shǒubiǎo 名 腕時計《块 kuài》

手机 shǒujī 名 携帯電話

手纸 shǒuzhǐ 名 トイレットペーパー

瘦 shòu 形 痩せている⇔"胖"(pàng)

书 shū 名 本, 書物《本 běn》

书包 shūbāo 名 かばん

书店 shūdiàn 名 本屋, 書店

叔叔 shūshu 名 おじさん;父の弟

舒服 shūfu 形 気持ちがよい

暑假 shǔjià 名 夏休み

数 shǔ 動 数える

树 shù 名 立ち木《棵 kē》

刷牙 shuā yá □ 歯を磨く

双 shuāng 量 対を成す物を数える

水 shuǐ 名 水;湯も含む

水果 shuǐguǒ 名 果物, フルーツ

睡觉 shuì//jiào 動 寝る, 眠る

说 shuō 動 言う, 話す

说话 shuō//huà 動 話をする

司机 sījī 名 運転手

死 sǐ 動 死ぬ

送 sòng 動 贈る, 届ける, 手渡す

宿舍 sùshè 名 寮, 宿舎, 寄宿舎

岁 suì 量 歳(さい);年齢を数える

岁数 suìshu 名 (〜儿)年齢

孙女 sūnnü 名 (〜儿)孫娘;息子の女児

孙子 sūnzi 名 孫;息子の男児

T

他 tā 代 彼;複数形は"他们"(tāmen)

它 tā 代 それ, あれ;複数形は"它们"(tāmen)

她 tā 代 彼女;複数形は"她们"(tāmen)

太 tài 副 たいへん, あまりにも(…だ)

太极拳 tàijíquán 名 太極拳

太阳 tàiyang 名 太陽

谈 tán 動 話す, 語る

弹 tán 動 (楽器を)弾く

弹钢琴 tán gāngqín □ ピアノを弾く

汤 tāng 名 スープ

糖 táng 名 ①砂糖 ②あめ

躺 tǎng 動 横たわる, 寝そべる

疼 téng 形 痛い

踢 tī 動 蹴る

踢足球 tī zúqiú □ サッカーをする

天 tiān 名 天, 空 量 日数を数える

甜 tián 形 甘い

条 tiáo 量 細長い物を数える

听 tīng 動 聞く, 聴く

听音乐 tīng yīnyuè □ 音楽を聴く

听见 tīngjiàn 動 聞こえる, 耳に入る

停 tíng 動 止まる, 止める, やむ

同学 tóngxué 名 級友, 学友

头 tóu 名 頭 量 牛を数える

头发 tóufa 名 髪, 髪の毛

头疼	tóuténg	形	頭が痛い
图书馆	túshūguǎn	名	図書館
推	tuī	動	押す
腿	tuǐ	名	足;くるぶしから上
脱	tuō	動	脱ぐ
脱衣服	tuō yīfu	□	服を脱ぐ

W

袜子	wàzi	名	靴下《双 shuāng》
外	wài	名	(…の)外
外边	wàibian	名	(~儿)外,外側
外国	wàiguó	名	外国
外国人	wàiguórén	名	外国人
外国语	wàiguóyǔ	名	外国語:"外语"(wàiyǔ)とも
完	wán	動	終わる
玩儿	wánr	動	遊ぶ
晚	wǎn	形	(時間が)遅い
晚饭	wǎnfàn	名	夕食,晩ごはん
晚上	wǎnshang	名	夕方,晩,夜
万	wàn	数	万,万の位
网球	wǎngqiú	名	テニス
忘	wàng	動	忘れる
为什么	wèi shénme	□	なぜ,どうして
位	wèi	量	人を数える;敬称
闻	wén	動	においをかぐ
问	wèn	動	問う,尋ねる
问题	wèntí	名	問い,問題,質問
问问题	wèn wèntí	□	質問をする
我	wǒ	代	わたし,わたくし,ぼく;複数形は"我们"(wǒmen)
握手	wò//shǒu	動	握手する
屋子	wūzi	名	部屋《间 jiān》
午饭	wǔfàn	名	昼食,昼ごはん

X

西边	xībian	名	(~儿)西側,西の方
西瓜	xīgua	名	すいか
洗	xǐ	動	洗う
洗脸	xǐ liǎn	□	顔を洗う
洗手	xǐ shǒu	□	手を洗う
洗衣服	xǐ yīfu	□	洗濯する
洗澡	xǐ//zǎo	動	体を洗う,入浴する
喜欢	xǐhuan	動	好む,(…するのが)好きだ
细	xì	形	細い
下	xià	動	①下がる,下る,降りる ②(雨や雪が)降る
		名	①(時間的に)後,次 ②(…の)下
下班	xià//bān	動	(~儿)退勤する⇔"上班"(shàng//bān)
下边	xiàbian	名	(~儿)下,下の方
下车	xià chē	□	車を降りる
下课	xià//kè	動	授業が終わる⇔"上课"(shàng//kè)
下午	xiàwǔ	名	午後
下雪	xià xuě	□	雪が降る
下雨	xià yǔ	□	雨が降る
夏天	xiàtiān	名	夏
先	xiān	副	先に,まず
先生	xiānsheng	名	先生,…さん;男性に対する敬称
现在	xiànzài	名	今,現在
香蕉	xiāngjiāo	名	バナナ
箱子	xiāngzi	名	(大型の)箱,トランク,スーツケース
想	xiǎng	動	(…したいと)思う
小	xiǎo	形	小さい
		接頭	同輩や目下の人の姓にかぶせて親しみの気持ちを表す
小孩儿	xiǎoháir	名	子供;"小孩子"(xiǎoháizi)とも

小姐	xiǎojiě	名	…さん;若い女性に対する敬称
小时	xiǎoshí	名	時間の単位;60分
小说	xiǎoshuō	名	小説
小心	xiǎoxīn	動	注意する,気をつける
小学	xiǎoxué	名	小学校（所 suǒ）
小学生	xiǎoxuéshēng	名	小学生
笑	xiào	動	笑う
校门	xiàomén	名	校門
鞋	xié	名	靴;短靴（双 shuāng）
写	xiě	動	書く
写信	xiě xìn	□	手紙を書く
写字	xiě zì	□	字を書く
谢谢	xièxie	動	感謝する;ありがとう
新	xīn	形	新しい
新年	xīnnián	名	新年,正月
新闻	xīnwén	名	ニュース（条 tiáo）
信	xìn	名	手紙（封 fēng）
星期	xīngqī	名	曜日
星期日	xīngqīrì	名	日曜日;"星期天"（xīngqītiān）とも
行	xíng	形	よろしい,差し支えない
行李	xíngli	名	（旅行の）荷物
姓	xìng	動	…という姓である
熊猫	xióngmāo	名	パンダ（只 zhī）
休息	xiūxi	動	休む,休憩する
学	xué	動	学ぶ
学生	xuésheng	名	生徒,学生
学习	xuéxí	動	学ぶ,勉強する,学習する
学校	xuéxiào	名	学校
雪	xuě	名	雪

Y

牙	yá	名	歯;"牙齿"（yáchǐ）と
			も（颗 kē）
烟	yān	名	①けむり②たばこ
颜色	yánsè	名	色
眼镜	yǎnjìng	名	めがね
眼睛	yǎnjing	名	目（只 zhī）
羊	yáng	名	ひつじ（只 zhī）
药	yào	名	薬
要	yào	動	要る,ほしい
		助動	…する,…したい,…しなくてはならない
钥匙	yàoshi	名	鍵,キー（把 bǎ）
爷爷	yéye	名	おじいさん;父方の祖父
也	yě	副	…も,…もまた
一点儿	yìdiǎnr	数量	ちょっと,少し
一定	yídìng	副	きっと,必ず
一共	yígòng	副	合わせて,全部で
一会儿	yíhuìr	数量	しばらくの間
一块儿	yíkuàir	副	一緒に（…する）
一起	yìqǐ	副	一緒に（…する）
一下	yíxià	数量	（~儿）(動詞の後に用いて)ちょっと(…する)
一样	yíyàng	形	同じだ,同様だ
衣服	yīfu	名	服,衣服（件 jiàn）
医生	yīshēng	名	医師,医者
医院	yīyuàn	名	病院
已经	yǐjīng	副	すでに
以后	yǐhòu	名	以後
以前	yǐqián	名	以前
椅子	yǐzi	名	椅子（把 bǎ）
音乐	yīnyuè	名	音楽
银行	yínháng	名	銀行
英语	Yīngyǔ	名	英語
用	yòng	動	使う,用いる
		介	…で,…を使って
邮局	yóujú	名	郵便局
邮票	yóupiào	名	切手（张 zhāng）

游泳	yóu//yǒng	動	泳ぐ, 遊泳する
有	yǒu	動	(…に…が)ある, (…を)持っている
又	yòu	副	(過去のことについて)また, ふたたび
右边	yòubian	名	〈~儿〉右, 右の方
鱼	yú	名	魚《条 tiáo》
羽毛球	yǔmáoqiú	名	バドミントン
雨	yǔ	名	雨
元	yuán	量	元:円に相当する通貨の単位
圆	yuán	形	円い
圆珠笔	yuánzhūbǐ	名	ボールペン《支 zhī》
远	yuǎn	形	遠い
院子	yuànzi	名	庭;中庭
月	yuè	名	月数をいう
月亮	yuèliang	名	月;天体
云彩	yúncai	名	雲
运动	yùndòng	名	運動, スポーツ
		動	運動する

Z

杂志	zázhì	名	雑誌《本 běn》
再	zài	副	(未来のことについて)また, ふたたび
再见	zàijiàn	動	(また会いましょう⇒)さようなら
在	zài	動	(…が…に)ある, いる
		介	…で;場所を示す
		副	…している;進行を示す
咱们	zánmen	代	わたしたち, ぼくたち;相手と自分を含めて
早	zǎo	形	早い
早饭	zǎofàn	名	朝食, 朝ごはん
早上	zǎoshang	名	朝

怎么	zěnme	代	①なぜ, どうして ②どう, どのように
站	zhàn	動	立つ
		名	駅, 停留所
张	zhāng	量	平らな面を持っている物を数える
找	zhǎo	動	捜す, 探す
照片	zhàopiàn	名	写真;〈口〉"照片儿" (zhàopiānr)とも
照相	zhào//xiàng	動	写真を撮る
这	zhè	代	これ, それ;この, その〈口〉zhèi
这次	zhè cì	□	今回〈口〉zhèi cì
这个	zhège	代	これ, この〈口〉zhèige
这里	zhèli	代	ここ
这么	zhème	代	こんなに, このように
这儿	zhèr	代	〈口〉ここ
这些	zhèxiē	代	これら, それら;これらの, それらの〈口〉zhèixiē
这样	zhèyàng	代	〈~儿〉このような, このように
着	zhe	助	…している, …してある;持続を示す
真	zhēn	副	本当に, じつに
正	zhèng	副	…している;"正在" (zhèngzài)とも
支	zhī	量	棒状の物を数える;"枝"とも書く
只	zhī	量	匹, 頭;動物を数える
知道	zhīdao	動	分かる, 知っている;否定形は多く zhīdào
只	zhǐ	副	ただ…だけ
纸	zhǐ	名	紙《张 zhāng》
中文	Zhōngwén	名	中国語, 中国語の文章
中午	zhōngwǔ	名	お昼;12時前後

中学	zhōngxué	名	中学校, 高校
中学生	zhōngxuéshēng	名	中学生, 高校生
钟	zhōng	名	①時計《座 zuò》②時間を表す
钟头	zhōngtóu	名	時間の単位;60分
种	zhǒng	量	種類を数える
重	zhòng	形	重い
猪	zhū	名	豚《口 kǒu》
住	zhù	動	住む, 泊まる
祝	zhù	動	祈る, 願う
准备	zhǔnbèi	動	①準備する②…するつもりだ
桌子	zhuōzi	名	机, テーブル《张 zhāng》
自行车	zìxíngchē	名	自転車《辆 liàng》
字	zì	名	字
字典	zìdiǎn	名	字典《本 běn》

走	zǒu	動	歩く, 出かける
走路	zǒu//lù	動	歩く, 歩行する
足球	zúqiú	名	サッカー
嘴	zuǐ	名	口
最	zuì	副	最も, いちばん
昨天	zuótiān	名	きのう, 昨日
左边	zuǒbian	名	《~ル》左, 左の方
作业	zuòyè	名	宿題
坐	zuò	動	座る, 腰掛ける, 着席する;乗り物に乗る
坐车	zuò chē	□	自動車に乗る
坐船	zuò chuán	□	船に乗る
坐飞机	zuò fēijī	□	飛行機に乗る
做	zuò	動	作る, する, 行う
做菜	zuò cài	□	料理を作る
做饭	zuò fàn	□	料理を作る
做作业	zuò zuòyè	□	宿題をする

付・あいさつ語

　準4級リスニングの一部に2002年6月の第47回試験以来ずっと，「次のような場合，中国語ではどのように言うのが最も適当か」として，あいさつ語を中心に日常会話のなかでよく使われる表現を答えさせる問題が5題ずつ出されている。今，そこで出題されたものを中心に準4級段階で覚えておいたほうがよいと思われる最も基本的な60語を選んで，以下に掲げる。

　ここに掲げるもののほかにも，まだ多くの重要表現があるであろうが，とりあえずはこれだけのものを頭に入れ，耳で聞いてわかり，口に出して言うことができるようにしておかれることをおすすめする。

□ 你好!	Nǐ hǎo!	こんにちは。
□ 您早!	Nín zǎo!	おはようございます。
□ 早上好!	Zǎoshang hǎo!	おはよう。
□ 晚上好!	Wǎnshang hǎo!	こんばんは。
□ 晚安!	Wǎn'ān!	こんばんは。/ お休みなさい。
□ 您贵姓?	Nín guìxìng?	お名前は？

　　※ていねいに姓を聞く場合に使う。"你姓什么? Nǐ xìng shénme?"は普通の聞き
　　　方。姓と名の両方を聞きたい場合は"你叫什么名字? Nǐ jiào shénme míngzi?"。

□ 初次见面!	Chūcì jiànmiàn!	初めてお目にかかります。
□ 请多关照!	Qǐng duō guānzhào!	どうぞよろしく。
□ 好久不见了!	Hǎo jiǔ bú jiàn le!	お久しぶりです。
□ 请进!	Qǐng jìn!	どうぞお入りください。
□ 请坐!	Qǐng zuò!	どうぞお掛けください。
□ 请喝茶!	Qǐng hē chá!	お茶をどうぞ。
□ 欢迎，欢迎!	Huānyíng, huānyíng!	ようこそおいでくださいました。

　　※"欢迎你来! Huānyíng nǐ lái!"とも。

□ 欢迎再来!	Huānyíng zài lái!	またおいでください。
□ 打扰您了!	Dǎrǎo nín le!	お邪魔いたしました。

　　※"打搅您了! Dǎjiǎo nín le!"とも。

□ 再见!	Zàijiàn!	さようなら。
□ 回头见!	Huítóu jiàn!	ではまたのちほど。
□ 明天见!	Míngtiān jiàn!	ではまたあした。
□ 我走了!	Wǒ zǒu le!	おいとまいたします。

□ 我先走了!	Wǒ xiān zǒu le!	お先に失礼いたします。
□ 不送了!	Bú sòng le!	お見送りいたしません。
□ 慢走!	Mànzǒu!	お気をつけて。
□ 请留步!	Qǐng liúbù!	
		(お見送りはなさらないように。⇒) どうぞお気遣いなく。
□ 一路平安!	Yílù píng'ān!	道中ご無事を。

例:"祝你一路平安! Zhù nǐ yílù píng'ān!"のようにも用いる。

□ 谢谢!	Xièxie!	ありがとう。
□ 多谢您!	Duōxiè nín!	どうもありがとうございます。
□ 不用谢!	Búyòng xiè!	どういたしまして。

※"不谢! Bú xiè!"とも。

□ 不客气!	Bú kèqi!	どういたしまして。/ご遠慮なさらないで。

※"不要客气! Búyào kèqi!", "别客气! Bié kèqi!"とも。

□ 辛苦了!	Xīnkǔ le!	ご苦労さま。
□ 对不起!	Duìbuqǐ!	すみません。
□ 请原谅!	Qǐng yuánliàng!	すみません。

例:"请原谅, 今天我没有时间。Qǐng yuánliàng, jīntiān wǒ méiyǒu shíjiān."(す
みません, きょうは時間がありません)のように用いる。

□ 很抱歉!	Hěn bàoqiàn!	申し訳ございません。

例:"很抱歉, 我忘了。Hěn bàoqiàn, wǒ wàng le."(申し訳ございません, 忘れま
した)のように用いる。

□ 麻烦您了!	Máfan nín le!	お手数をおかけしました。

※ "太麻烦您了! Tài máfan nín le!"(ほんとうにお手数をおかけしました)とも。

□ 让你久等了!	Ràng nǐ jiǔ děng le!	お待たせしました。
□ 没关系!	Méi guānxi!	どういたしまして。
□ 没事儿!	Méishìr!	何でもありません。/どういたしまして。

※"没什么! Méi shénme!"とも。

□ 没问题!	Méi wèntí!	何でもありません。/お安いご用です。
□ 哪里, 哪里!	Nǎli, nǎli!	とんでもない。
□ 不敢当!	Bùgǎndāng!	(褒められて)恐れ入ります。
□ 劳驾, …	Láojià, …	すみませんが, …。

例:"劳驾, 这个字怎么念? Láojià, zhège zì zěnme niàn?"(すみませんが, この
字はどう読むのでしょうか)のように用いる。

□ 请问！　　　　　　　Qǐngwèn!　　　　　　　　お伺いしますが…。

例：“请问，到车站怎么走？ Qǐngwèn, dào chēzhàn zěnme zǒu?”（お伺いします
　　が，駅へはどう行くのでしょうか）のように用いる。

□ 等一等！　　　　　　Děngyideng!　　　　　　　ちょっとお待ちください。

※“请等一下！ Qǐng děng yíxià!”とも。

□ 祝你健康！　　　　　Zhù nǐ jiànkāng!　　　　　ご健康をお祈りします。

□（祝你）生日快乐！　（Zhù nǐ) shēngrì kuàilè!　お誕生日おめでとう。

□（祝你）新年快乐！　（Zhù nǐ) xīnnián kuàilè!　新年おめでとうございます。

□ 你几岁了？　　　　　Nǐ jǐ suì le?　　　　　　　［幼い子供に］おいくつ？

□ 您多大岁数了？　　　Nín duō dà suìshu le?　　　［大人に］おいくつでいらっ
　　　　　　　　　　　　　　　　　　　　　　　　　　　しゃいますか。

※“多大岁数”は“多大年纪 duō dà niánjì”とも。

□ 现在几点了？　　　　Xiànzài jǐ diǎn le?　　　　いま何時ですか。

□ 今天几月几号？　　　Jīntiān jǐ yuè jǐ hào?　　　きょうは何月何日ですか。

□ 今天星期几？　　　　Jīntiān xīngqī jǐ?　　　　　きょうは何曜日ですか。

□ 多少钱？　　　　　　Duōshao qián?　　　　　　いくらですか。

□ 你去哪儿？　　　　　Nǐ qù nǎr?　　　　　　　　どちらへお出かけですか。

□ 为什么？　　　　　　Wèi shénme?　　　　　　　なぜですか。

□ 厕所在哪儿？　　　　Cèsuǒ zài nǎr?　　　　　　トイレはどこでしょうか。

□ 您是哪国人？　　　　Nín shì nǎ guó rén?　　　　お国はどちらですか。

□ 你家有几口人？　　　Nǐ jiā yǒu jǐ kǒu rén?　　　ご家族は何人いらっしゃいま
　　　　　　　　　　　　　　　　　　　　　　　　　　　すか。

□ 你在哪儿工作？　　　Nǐ zài nǎr gōngzuò?　　　　どちらにお勤めですか。

□ 我来介绍一下！　　　Wǒ lái jièshào yíxià!　　　私からご紹介いたします。

□ 认识你，很高兴！　　Rènshi nǐ, hěn gāoxìng!　　お知り合いになれてうれしい
　　　　　　　　　　　　　　　　　　　　　　　　　　　です。

□ 请再说一遍！　　　　Qǐng zài shuō yí biàn!　　　もう1度おっしゃってください。

動詞と目的語の組み合わせ

準4級の記述式には与えられた日本語に相当する中国語を漢字で書くことを求める問題が毎回課されているが，その中に必ず含まれているのが，「字を書く」，「自動車に乗る」，「郵便局に行く」のような動詞と目的語を組み合わせて答える問題である。

"写字""坐汽车""去邮局"が答えられればそれでよいのであるが，効率的な学習法としては"写字"を覚えたら併せて"写信 xìn"（手紙を書く），"写文章 wénzhāng"（文章を書く），"写日记 rìjì"（日記を書く）も一緒に覚える。ついでに，同じ「かく」でも「絵をかく」は"写"ではなく"画"を用いて"画画儿"となることも覚えておく。

"坐汽车"もこれ一つですませるのではなく，"坐电车 diànchē"（電車に乗る），"坐火车 huǒchē"（汽車に乗る），"坐飞机 fēijī"（飛行機に乗る），"坐公共汽车 gōnggòng qìchē"（バスに乗る）を併せて覚えてしまう。この場合も，同じ「乗る」であっても自転車やバイクのように「またがって乗る」場合は"骑自行车""骑摩托车 mótuōchē"のように動詞は"骑"でなければならないということも整理しておく。

"去邮局"は"邮局"の位置に"学校 xuéxiào"（学校），"图书馆 túshūguǎn"（図書館），"公园 gōngyuán"（公園），"车站 chēzhàn"（駅），"动物园 dòngwùyuán"（動物園）……と，思い出す限りの単語を置き換えてみる。

以下に動詞と目的語の組み合わせ（"打车 dǎ//chē""开门 kāi//mén"のように一語とみなした方がよい語を含む）の基本的なものをいくつか掲げる。

□ 帮忙	bāng//máng	手伝う
□ 擦黑板	cā hēibǎn	黒板を拭く
□ 擦脸	cā liǎn	顔を拭く
□ 吃饭	chī fàn	ごはんを食べる
□ 吃面包	chī miànbāo	パンを食べる
□ 吃药	chī yào	薬をのむ
□ 抽烟	chōu yān	タバコを吸う
□ 穿裤子	chuān kùzi	ズボンをはく
□ 穿毛衣	chuān máoyī	セーターを着る
□ 穿裙子	chuān qúnzi	スカートをはく
□ 穿袜子	chuān wàzi	靴下をはく

□ 穿鞋	chuān xié	靴を履く
□ 穿衣服	chuān yīfu	服を着る
□ 打棒球	dǎ bàngqiú	野球をする
□ 打车	dǎ//chē	タクシーに乗る ＝ 打的 dǎ//dī
□ 打工	dǎ//gōng	アルバイトをする
□ 打雷	dǎ//léi	雷が鳴る
□ 打伞	dǎ sǎn	傘をさす
□ 打网球	dǎ wǎngqiú	テニスをする
□ 打字	dǎ//zì	タイプを打つ，文字を入力する
□ 戴戒指	dài jièzhi	指輪をはめる
□ 戴帽子	dài màozi	帽子をかぶる
□ 戴手表	dài shǒubiǎo	腕時計をはめる
□ 戴手套	dài shǒutào	手袋をはめる
□ 戴眼镜	dài yǎnjìng	眼鏡をかける
□ 担心	dān//xīn	心配する
□ 读书	dú//shū	本を読む，勉強する
□ 发烧	fā//shāo	熱が出る
□ 发音	fā//yīn	発音する
□ 放假	fàng//jià	休みになる
□ 放心	fàng//xīn	安心する
□ 付钱	fù qián	お金を払う
□ 刮风	guā fēng	風が吹く
□ 刮脸	guā//liǎn	ひげをそる
□ 关门	guān//mén	扉を閉じる，閉店する
□ 过年	guò//nián	新年を迎える
□ 喝茶	hē chá	お茶を飲む
□ 喝酒	hē jiǔ	お酒を飲む
□ 喝咖啡	hē kāfēi	コーヒーを飲む
□ 喝啤酒	hē píjiǔ	ビールを飲む
□ 喝汤	hē tāng	スープを飲む
□ 喝粥	hē zhōu	かゆをすする
□ 滑冰	huá//bīng	スケートをする
□ 滑雪	huá//xuě	スキーをする
□ 画画（儿）	huà huà(r)	絵を描く

□ 换钱	huàn//qián	両替をする	
□ 回国	huí guó	帰国する	
□ 回家	huí jiā	家に帰る	
□ 寄信	jì xìn	手紙を出す	
□ 寄行李	jì xíngli	荷物を送る	
□ 讲课	jiǎng//kè	授業をする，講義をする	
□ 结婚	jié//hūn	結婚する	
□ 借钱	jiè qián	お金を借りる / お金を貸す	
□ 开车	kāi//chē	車を運転をする	
□ 开会	kāi//huì	会議を開く	
□ 开门	kāi//mén	扉を開ける，開店する	
□ 看报	kàn bào	新聞を読む = 看报纸 kàn bàozhǐ	
□ 看电视	kàn diànshì	テレビを見る	
□ 看电影	kàn diànyǐng	映画を観る	
□ 看书	kàn shū	本を読む	
□ 看戏	kàn xì	芝居を観る	
□ 看杂志	kàn zázhì	雑誌を読む	
□ 聊天儿	liáo//tiānr	おしゃべりをする	
□ 留学	liú//xué	留学する	
□ 买东西	mǎi dōngxi	買い物をする	
□ 买票	mǎi piào	チケットを買う	
□ 跑步	pǎo//bù	ジョギングする	
□ 骑自行车	qí zìxíngchē	自転車に乗る	
□ 起床	qǐ//chuáng	起きる，起床する	
□ 敲门	qiāo//mén	ノックする	
□ 请假	qǐng//jià	休暇をとる	
□ 请客	qǐng//kè	食事をおごる，招待する	
□ 去邮局	qù yóujú	郵便局に行く	
□ 散步	sàn//bù	散歩する	
□ 上班	shàng//bān	出勤する	
□ 上车	shàng chē	車に乗る，バスに乗る	
□ 上课	shàng//kè	授業をする / 授業を受ける	
□ 上学	shàng//xué	学校に行く，登校する	
□ 生病	shēng//bìng	病気になる，病気にかかる	

□ 生气	shēng//qì	怒る，腹を立てる
□ 睡觉	shuì//jiào	眠る
□ 说话	shuō//huà	話をする
□ 跳舞	tiào//wǔ	踊る，ダンスをする
□ 听广播	tīng guǎngbō	放送を聴く
□ 听录音	tīng lùyīn	録音を聴く
□ 听收音机	tīng shōuyīnjī	ラジオを聴く
□ 听音乐	tīng yīnyuè	音楽を聴く
□ 问问题	wèn wèntí	問いを発する，質問する
□ 握手	wò//shǒu	握手をする
□ 洗脸	xǐ liǎn	顔を洗う
□ 洗衣服	xǐ yīfu	洗濯する
□ 洗澡	xǐ//zǎo	体を洗う，入浴する
□ 下班	xià//bān	退勤する
□ 下车	xià chē	車を降りる
□ 下课	xià//kè	授業が終わる
□ 下雪	xià xuě	雪が降る
□ 下雨	xià yǔ	雨が降る
□ 写信	xiě xìn	手紙を書く
□ 写字	xiě zì	字を書く
□ 游泳	yóu//yǒng	泳ぐ
□ 照相	zhào//xiàng	写真を撮る
□ 走路	zǒu//lù	歩く
□ 租房间	zū fángjiān	部屋を借りる / 部屋を貸す
□ 坐车	zuò chē	車に乗る = 坐汽车 zuò qìchē
□ 坐船	zuò chuān	船に乗る
□ 坐飞机	zuò fēijī	飛行機に乗る
□ 做梦	zuò//mèng	夢を見る
□ 做作业	zuò zuòyè	宿題をする

漢字（簡体字）を正確に

簡体字を書いておぼえましょう。

（ ）内は日本の常用漢字です。筆画順に注意しながら書いてみましょう。

爱（愛） ài	´ ´ ´ ´ ´ ´ ´ ´ ´ ´ 爱	10画
办（辨） bàn	フ カ カ 办	4画
包（包） bāo	´ ク ク 勹 包	5画
贝（貝） bèi	丨 冂 贝 贝	4画
备（備） bèi	´ ク タ 夂 各 各 备 备	8画
鼻（鼻） bí	´ ´ ´ 自 自 自 臬 臬 鼻 鼻 鼻 鼻 鼻 鼻	14画
边（辺） biān	フ カ ヵ 边 边	5画
别（別） bié	丨 冂 口 号 另 别 别	7画
冰（氷） bīng	´ ` 冫 汀 沪 冰 冰	6画

步(步) bù	丨 丨 止 止 止 歩 步	7画
查(查) chá	一 十 十 木 木 杏 杏 杳 查	9画
差(差) chà	丶 丷 丷 兰 兰 差 差 差 差	9画
长(長) cháng	丿 一 长 长	4画
场(場) cháng	一 十 土 圴 场 场	6画
车(車) chē	一 匚 车 车	4画
带(带) dài	一 十 世 世 芇 芇 带 带 带	9画
单(單) dān	丶 丷 丷 屵 屵 甴 单 单	8画
东(東) dōng	一 匚 车 东 东	5画
对(对) duì	フ 又 对 对 对	5画
发(発) fā	乚 サ 发 发 发	5画

55

宫(宫) gōng	丶 丷 宀 宀 宫 宫 宫 宫 宫	9画
骨(骨) gǔ	丨 冂 冎 冎 咼 骨 骨 骨 骨	9画
喝(喝) hē	丨 冂 口 口 叩 叩 叩 吗 唱 喝 喝 喝	12画
画(画) huà	一 丆 币 币 両 画 画 画	8画
欢(歡) huān	丆 又 夕 欢 欢 欢	6画
见(見) jiàn	丨 冂 贝 见	4画
角(角) jiǎo	丿 勹 勹 冇 角 角 角	7画
卷(卷) juǎn	丶 丷 丷 二 兯 岝 耖 卷	8画
决(決) jué	丶 冫 汀 江 决 决	6画
乐(樂) lè	一 仁 乐 乐 乐	5画
练(練) liàn	乛 纟 纟 纟 纩 练 练 练	8画

56

两(両) liǎng	一 一 一 一 万 两 两	7画
	两 两 两	

马(馬) mǎ	了 马 马	3画
	马 马 马	

买(買) mǎi	一 一 一 乛 买 买	6画
	买 买 买	

每(每) měi	一 一 一 乍 每 每 每	7画
	每 每 每	

门(門) mén	丶 门 门	3画
	门 门 门	

免(免) miǎn	丿 丿 乃 乃 鱼 免 免	7画
	免 免 免	

脑(脑) nǎo	丿 月 月 月 肝 肝 肪 脓 脑 脑	10画
	脑 脑 脑	

鸟(鳥) niǎo	丿 乌 乌 鸟 鸟	5画
	鸟 鸟 鸟	

农(農) nóng	丶 一 一 农 农 农	6画
	农 农 农	

器(器) qì	丨 冂 口 ロ 吅 吅 吅 罒 器 器 器 器 器 器	16画
	器 器 器	

铅(鉛) qiān	丿 丨 丨 牛 车 钅 钊 钌 铅 铅	10画
	铅 铅 铅	

浅(浅) qiǎn	丶 丶 氵 浐 浐 浅 浅 浅	8画
强(強) qiáng	フ コ 弓 弓 弹 弹 弹 弹 弹 强 强 强	12画
桥(橋) qiáo	一 十 オ 木 术 术 杼 桥 桥 桥	10画
师(師) shī	ノ レ リ 斤 师 师	6画
收(収) shōu	レ り り 収 収 收	6画
书(書) shū	フ ヨ 书 书	4画
岁(歲) suì	ノ 山 山 屮 岁 岁	6画
团(團) tuán	丨 冂 冂 用 团 团	6画
效(効) xiào	一 一 六 六 方 交 効 効 効 效	10画
写(写) xiě	丶 冖 写 写 写	5画
兴(興) xìng	丶 丶 ㇠ ⺍ 兴 兴	6画

修(修) xiū	ノ イ 仁 仲 修 修 修 修 修	9画
压(壓) yā	一 厂 厂 压 压 压	6画
应(應) yīng	、 一 广 广 应 应 应	7画
邮(郵) yóu	丶 丨 卩 日 由 由 邮 邮	7画
游(遊) yóu	丶 丶 氵 汀 汸 游 游 游 游 游 游	12画
与(与) yǔ	一 与 与	3画
真(真) zhēn	一 十 广 占 古 自 直 直 真 真	10画
直(直) zhí	一 十 广 占 古 直 直 直	8画
钟(鐘) zhōng	ノ 仁 仁 仁 仝 钅 钌 钌 钟	9画
桌(卓) zhuō	丶 上 上 占 占 卓 卓 桌 桌 桌	10画
着(着) zhuó	丶 丷 兰 兰 关 羊 羊 着 着 着 着	11画

中国語検定試験について

　一般財団法人 日本中国語検定協会が実施し，中国語運用能力を認定する試験です。受験資格の制限はありません。また，目や耳，肢体などが不自由な方には特別対応を講じます。中国語検定試験の概要は以下のとおりです。詳しくは後掲（p.63）の日本中国語検定協会のホームページや，協会が発行する「受験案内」をご覧いただくか，協会に直接お問い合わせください。

認定基準と試験内容

準4級	**中国語学習の準備完了** 学習を進めていく上での基礎的知識を身につけていること。 （学習時間 60〜120 時間。一般大学の第二外国語における第一年度前期修了，高等学校における第一年度通年履修，中国語専門学校・講習会などにおける半年以上の学習程度。） 基礎単語約 500 語（簡体字を正しく書けること），ピンイン（表音ローマ字）の読み方と綴り方，単文の基本文型，簡単な日常挨拶語約 50〜80。
4　級	**中国語の基礎をマスター** 平易な中国語を聞き，話すことができること。 （学習時間 120〜200 時間。一般大学の第二外国語における第一年度履修程度。） 単語の意味，漢字のピンイン（表音ローマ字）への表記がえ，ピンインの漢字への表記がえ，常用語 500〜1,000 による中国語単文の日本語訳と日本語の中国語訳。
3　級	**自力で応用力を養いうる能力の保証（一般的事項のマスター）** 基本的な文章を読み，書くことができること。 簡単な日常会話ができること。 （学習時間 200〜300 時間。一般大学の第二外国語における第二年度履修程度。） 単語の意味，漢字のピンイン（表音ローマ字）への表記がえ，ピンインの漢字への表記がえ，常用語 1,000〜2,000 による中国語複文の日本語訳と日本語の中国語訳。
2　級	**実務能力の基礎づくり完成の保証** 複文を含むやや高度な中国語の文章を読み，3級程度の文章を書くことができること。 日常的な話題での会話が行えること。 単語・熟語・慣用句の日本語訳・中国語訳，多音語・軽声の問題，語句の用法の誤り指摘，100〜300 字程度の文章の日本語訳・中国語訳。

準1級	**実務に即従事しうる能力の保証（全般的事項のマスター）** 社会生活に必要な中国語を基本的に習得し，通常の文章の中国語訳・日本語訳，簡単な通訳ができること。 （一次）新聞・雑誌・文学作品・実用文などやや難度の高い文章の日本語訳・中国語訳。 （二次）簡単な日常会話と口頭での中文日訳及び日文中訳など。
1　級	**高いレベルで中国語を駆使しうる能力の保証** 高度な読解力・表現力を有し，複雑な中国語及び日本語（例えば挨拶・講演・会議・会談など）の翻訳・通訳ができること。 （一次）時事用語も含む難度の高い文章の日本語訳・中国語訳。熟語・慣用句などを含む総合問題。 （二次）日本語と中国語の逐次通訳。

日程と時間割

　準4級，4級，3級，2級及び準1級の一次試験は3月，6月，11月の第4日曜日の年3回，1級の一次試験は11月の第4日曜日の年1回実施します。

　一次試験は次の時間割で実施し，午前の級と午後の級は併願できます。

午　　前			午　　後		
級	集合時間	終了予定時間	級	集合時間	終了予定時間
準4級	10:00	11:15	4　級	13:30	15:25
3　級		11:55	2　級		15:45
準1級		12:15	1　級		15:45

　準1級と1級の二次試験は，一次試験合格者を対象に，一次が3月，6月の場合は5週間後，一次が11月の場合は1月の第2日曜日に実施します。（協会ホームページに日程掲載。）

受験会場

　全国主要都市に42か所，海外は北京，上海，台北，シンガポールの4か所を予定しています（2020年5月現在）。二次試験は，準1級を東京と大阪，1級を東京で実施します。ただし，受験者多数の場合，上海でも実施することがあります。

受験申込

郵送かインターネットで申込みます。受験料は次のとおりです。

級	郵送による申込	インターネットによる申込
準4級	3,200 円	3,000 円
4 級	4,200 円	4,000 円
3 級	5,200 円	5,000 円
2 級	7,200 円	7,000 円
準1級	8,700 円	8,500 円
1 級	9,700 円	9,500 円

(2020 年 5 月現在)

出題・解答の方式，配点，合格基準点

級	種類	方式	配点	合格基準点
準4級	リスニング	選択式	50 点	60 点
準4級	筆　記	選択式・記述式	50 点	60 点
4 級	リスニング	選択式	100 点	60 点
4 級	筆　記	選択式・記述式	100 点	60 点
3 級	リスニング	選択式	100 点	65 点
3 級	筆　記	選択式・記述式	100 点	65 点
2 級	リスニング	選択式	100 点	70 点
2 級	筆　記	選択式・記述式	100 点	70 点
準1級	リスニング	選択式・記述式	100 点	75 点
準1級	筆　記	選択式・記述式	100 点	75 点
1 級	リスニング	選択式・記述式	100 点	85 点
1 級	筆　記	選択式・記述式	100 点	85 点

・解答は，マークシートによる選択式及び一部記述式を取り入れています。また，録音によるリスニングを課し，特に準1級・1級にはリスニングによる書き取りを課しています。

・記述式の解答は，簡体字の使用を原則としますが，2級以上は特に指定された場合を除き，簡体字未習者の繁体字の使用は妨げません。但し，字体の混用は減点の対象となります。

・4級～1級は，リスニング・筆記ともに合格基準点に達していないと合格できません。準4級は合格基準点に達していてもリスニング試験を受けていないと不合格となります。

・合格基準点は，難易度を考慮して調整されることがあります。

二次試験内容

準1級は，面接委員との簡単な日常会話，口頭での中文日訳と日文中訳，指定されたテーマについての口述の3つの試験を行い，全体を通しての発音・イントネーション及び語彙・文法の運用能力の総合的な判定を行います。10～15分程度。合格基準点は75点／100点

1級は，面接委員が読む中国語長文の日本語訳と，日本語長文の中国語訳の2つの試験を行います。20～30分程度。合格基準点は各85点／100点

一般財団法人 日本中国語検定協会

〒103-8468　東京都中央区東日本橋2-28-5 協和ビル

Tel：0 3 - 5 8 4 6 - 9 7 5 1

Fax：0 3 - 5 8 4 6 - 9 7 5 2

ホームページ：http://www.chuken.gr.jp

E-mail：info@chuken.gr.jp

試験結果データ（2019 年度実施分）

L：リスニング　W：筆記　口試 1：中文日訳　口試 2：日文中訳

第98回	準 4 級	4 級	3 級	2 級	準 1 級	準1級二次	1 級一次	1 級二次
		L / W	L / W	L / W	L / W	口試	L / W	口試1/口試2
合格基準点	60	60(55)/60(55)	65(60)/65(60)	70/70(65)	75/75(70)	75	−	−
平均点	70.6	58.2/67.7	64.3/63.2	67.7/60.3	67.2/59.5	88.2	−	−
志願者数	1,992	2,619	2,758	1,481	491	91	−	−
受験者数	1,812	2,263	2,423	1,339	445	79	−	−
合格者数	1,425	1,210	1,115	437	90	73	−	−
合格率	78.6%	53.5%	46.0%	32.6%	20.2%	92.4%	−	−

第99回	準 4 級	4 級	3 級	2 級	準1級一次	準1級二次	1 級一次	1 級二次
		L / W	L / W	L / W	L / W	口試	L / W	口試1/口試2
合格基準点	60	60/60	65(55)/65(55)	70(65)/70(65)	75(70)/75(70)	75	85/85	85/85
平均点	70.6	64.8/69.4	54.0/61.5	64.5/59.1	62.7/57.8	89.5	72.6/66.1	89.1/84.4
志願者数	3,525	3,836	3,392	1,895	469	81	259	17
受験者数	3,235	3,387	2,933	1,715	407	72	241	17
合格者数	2,526	1,953	1,238	540	70	70	16	11
合格率	78.1%	57.7%	42.2%	31.5%	17.2%	97.2%	6.6%	64.7%

※　（二次）志願者数には，一次試験免除者を含みます。
※　合格基準点欄（　）内の数字は，難易度を考慮して当該回のみ適用された基準点です。

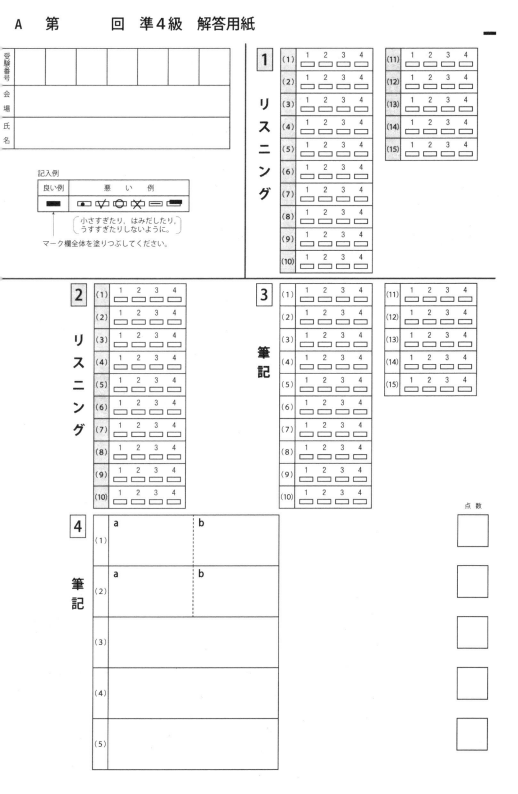

音声ダウンロード

中検準4級試験問題2020［第98・99回］解答と解説

2020 年 6 月 5 日　初版印刷
2020 年 6 月 11 日　初版発行

編　者　一般財団法人 日本中国語検定協会
発行者　佐藤康夫
発行所　白 帝 社

〒 171-0014　東京都豊島区池袋 2-65-1
TEL 03-3986-3271　FAX 03-3986-3272
info@hakuteisha.co.jp　http://www.hakuteisha.co.jp/

印刷 倉敷印刷（株）／製本（株）ティーケー出版印刷

Printed in Japan　〈検印省略〉　6914　　ISBN978-4-86398-383-0